HISTOIRES

D'AMOUR

DU MÊME AUTEUR :

PHILOMÉLA, livre lyrique. 1 volume.

Sous presse :

HESPÉRUS. 1 volume.

En préparation :

LE LIVRE DES DIEUX.
2 volumes.

HISTOIRES D'AMOUR

PAR

CATULLE MENDÈS

PARIS
ALPHONSE LEMERRE, ÉDITEUR
PASSAGE CHOISEUL, 47
—
M.D.CCC.LXVIII

ELIAS

ÉTUDE

ELIAS

A MADAME JULIETTE CHARDIN

Madame,

J'ose vous dédier cette étude écrite d'après vos souvenirs personnels et ceux de notre cher et illustre ami le docteur Delton; laissant dans l'ombre, selon votre désir, mais avec regret, cette partie du dénoûment où votre conscience, trop subtile, veut voir une faute à la charge de Juliette où le lecteur n'aurait vu sans doute qu'un devoir accompli; car la promesse faite à Elias ne devait pas l'emporter sur un serment antérieur, et Juliette, pour avoir été la consolation d'un moribond, n'était point dégagée de

*faire le bonheur d'un vivant. Tel fut l'avis de
M.* Chardin, *aujourd'hui votre mari, et du docteur* Delton ; *tel est encore celui de votre humble
et respectueux serviteur,*

C. M.

I

Dans son remarquable traité *Uber die Krankheite der Kinder und ihren Einflus auf die Entwickelung der moralischen Kræfte,* c'est-à-dire : *Des Maladies du premier âge et de leur influence sur le développement des facultés morales,* le professeur Spitzberg, vice-président de l'Académie des sciences médicales de Dusseldorf, met en lumière plusieurs exemples de précocité vraiment extraordinaires chez des enfants de sept ou huit ans malades depuis leur naissance, et croit pouvoir en tirer cette conclusion, que, dans les cas où de continuelles souffrances n'oblitèrent pas absolument l'intelligence des jeunes malades, elles peuvent au contraire en précipiter l'épanouissement. Les innombrables réflexions sur lesquelles le docteur Spitzberg appuie son système ne pourraient qu'intéresser vivement la plupart de mes lecteurs ; mais il me serait assez difficile de les exposer, ces réflexions étant, de leur nature, si délicates, si subtiles, et, d'autre part, formulées en un langage si peu mesuré à la portée présumable des esprits ordinaires, qu'il m'a été radicalement impossible d'en comprendre une seule. Je me bornerai à ajouter que la vie et la mort du jeune baron Elias de Borg, qui forment le sujet de cette étude, semblent militer assez vigoureusement en faveur de la théorie ci-dessus mentionnée. Néanmoins, mon désir étant d'écrire un conte et non de fournir des armes contre ses adversaires à l'honorable vice-président de l'Académie des sciences médicales de Dusseldorf, je n'empêche pas les personnes qui tiennent pour le professeur Spitzermann contre le professeur Spitzberg de s'écrier qu'une exception ne saurait affirmer une loi ; et quant à ceux de mes lecteurs qui, ne connaissant en aucune manière ni l'un ni l'autre de ces illustres antagonistes, seraient simplement choqués de l'apparente invraisemblance de mon récit, ils sont instamment priés de considérer que la vie réelle présente quelquefois à l'observation des incidents et des caractères bien supérieurs en singularité aux imaginations les plus saugrenues des poëtes et des romanciers.

Vers la fin de l'année 1853, un des membres importants du parlement de Christiana, le comte Nils-Agrippa de Borg, que son origine illustre et sa fortune réputée immense recommandaient depuis longtemps à l'attention de la cour de Stockholm, eut l'honneur d'être choisi pour représenter à Berlin S. M. le roi Charles XV. S'il maintint, comme il convenait, dans les relations diplomatiques l'honneur du pavillon suédois, il compromit étrangement la dignité de son caractère officiel par sa liaison, d'abord secrète, mais bientôt scandaleuse, avec la fille d'un colonel prussien ; conduite qui lui valut de la part du roi son maître, en même temps qu'un blâme sévère, le conseil de réparer sur-le-champ sa faute en épousant la jeune fille. Celle-ci étant pauvre et de naissance médiocre, le comte, qui avait d'ailleurs d'autres projets, ne céda qu'avec beaucoup de répugnance. Sa soumission, trop évidemment contrainte, ne le fit pas rentrer en grâce, et il fut rappelé dans l'année même de son mariage. Très-humilié de sa déchéance, il s'en prit à Mme de Borg. Celle que, maîtresse, il avait adorée, épouse, lui devint odieuse. Loin de la conduire à Stockholm, il la contraignit d'habiter en toutes saisons un château lugubre, à peu près en ruine, situé en Norvége, dans la malsaine contrée de Dormsö, et où la comtesse, déjà malade de la poitrine, ne devait, selon toute apparence, vivre que peu d'années. Elle aurait pu résister, se plaindre au roi ; mais, faible et triste, elle consentit. Lorsqu'on la conduisit en Norvége, elle était enceinte. Chétive, elle donna le jour à un enfant plus chétif. On le nomma Elias. Le comte ne se montrait à Dormsö qu'une fois l'an, à l'époque des chasses. Alors l'antique habitation se remplissait d'hôtes et de bruit, de piqueurs chantant dans les cours, de chevaux hennissant dans les écuries. Le soir, il y avait de longs repas tumultueux où Mme de Borg n'était point priée de paraître. Son mari ne la visitait que le jour de son arrivée et le jour de son départ. C'étaient de courtes entrevues. Lorsqu'il aperçut pour la première fois Elias pâle, malingre, la poitrine en voûte, les jambes en cercle et s'aidant de ses mains pour marcher, de sorte qu'il ressemblait à un jeune animal, le comte demanda : « Qu'est-ce que c'est que ce monstre-là? » « C'est notre fils, » répondit la mère offensée. « Dites le vôtre, madame, » répliqua M. de Borg, et il sortit. Dans ce climat, par ces chagrins, l'état maladif de la comtesse s'aggravait d'heure en heure. Bientôt elle ne quitta plus sa chambre, une chambre ancienne, très-profonde, qui avait de grandes fenêtres. Elle restait là tout le jour, à demi couchée dans un large fauteuil et considérant, à travers les vitrages, le vaste ensemble mélancolique de la forêt sombre et du ciel ténébreux. Elias, qui avait cinq ans, jouait à côté

d'elle, rampant. C'étaient des heures d'une
tristesse affreuse. Le soir, elle pleurait. L'enfant, dont l'intelligence se développait avec
une rapidité peu fréquente, s'efforçait de consoler sa mère d'une douleur dont il paraissait
deviner la cause. Mais la comtesse n'osait point
garder trop longtemps Elias auprès d'elle,
craignant qu'il ne fût malsain pour ce pauvre
être déjà si maladif de demeurer enfermé dans
une chambre presque mortuaire, où l'odeur
douceâtre de quelque potion se mêlait seule à
l'atmosphère fadement tiède qui émane des
phthisiques proches de leur fin. Lorsqu'un
blanc rayon septentrional venait à caresser les
vitres, elle montrait le soleil à Elias, le soleil
et les bois, et lui disait : « Va jouer, Elias. »
L'enfant partait. Aucun domestique ne l'accompagnait, la défaveur du maître autorisant la
répulsion qu'inspirait le misérable petit. Il
courait par la forêt, se roulant dans les fougères, s'enchevêtrant dans les branchages.
Souvent, au sommet d'un mamelon, son pied,
si peu sûr, lui manquait, et il dégringolait au
fond de quelque gorge au péril de sa vie, les

vêtements souillés, les mains sanglantes, échevelé. Quand il se sentait las, il se couchait à plat ventre dans les bruyères; et les bûcherons, qui vont deux par deux, portant sur leurs épaules accouplées d'énormes sapins flexibles, croyaient parfois, entendant le bruit de sa respiration haletante et le cri des branches opprimées, qu'il y avait un jeune loup qui était là. Puis il revenait, et la comtesse, de sa fenêtre, le voyait arriver et lui criait : « Viens vite! » Il s'élançait, il franchissait la pelouse en quelques bonds de chamois blessé, il enjambait les escaliers en se cramponnant à la rampe, il tombait enfin, las à perdre haleine, aux pieds de sa mère, et la mère, un instant joyeuse, baisait avec emportement cette chevelure éparse, mêlée de ronces, et prenait entre ses genoux ce corps difforme et le cachait dans ses jupons afin de ne voir que le visage de son fils, si pâle, si triste, pareil au sien.

Ainsi vivaient les deux délaissés, malheureux et sans autre consolation que leur mutuel amour. Privé de l'un, que serait devenu l'autre? Un jour, la comtesse, plus malade, dut s'aliter. M. de Borg, appelé par une lettre de sa femme, ne vint point à Dormsö. Elias avait huit ans. « Pardonne à ton père ! » dit la mère en mourant. Elle fut enterrée près du château, dans la forêt. On ne vit pas pleurer l'enfant. Le nombre des serviteurs, déjà très-limité, fut encore restreint. Il ne demeura qu'un vieux intendant, presque aussi infirme que son jeune maître. Ainsi Elias était seul. Il avait été sauvage, il devint farouche. Il restait des jours entiers dans un bois de sapins, non loin du tombeau de sa mère. Ceux qui passaient entendaient d'étranges paroles qu'il adressait à la pierre muette. Parfois, la nuit, il ne rentrait pas et dormait sur l'affreuse terre humide, garanti du vent glacial par le mur du sépulcre. Il y avait dans le château une bibliothèque riche de quelques centaines de volumes ; Elias passait dans la galerie des livres les rares instants que lui laissaient ses vagabondages à travers les futaies. Cependant il lisait peu ; il semblait interroger les livres sans oser les ouvrir, demeurant des heures entières à considérer d'un œil fixe quelque reliure vermoulue. Il avait neuf ans. Il ne grandissait pas. Ses difformités s'accusaient chaque jour davantage. Il serait nain, boiteux et bossu. Il avait conservé sa figure du premier âge, pâle et triste, qu'aimait sa mère. Il était très-sombre. Il parlait rarement. Un jour le vieux domestique lui dit : « J'ai appris que M. le comte, votre père, vient de se remarier. » Elias ne sembla pas entendre, et il alla dans la forêt. Il s'était fabriqué lui-même des béquilles, en bois de mélèze, afin qu'elles durassent très-longtemps. Il ne paraissait point qu'il désirât ou espérât une vie différente de celle qu'il menait alors. Le comte, pensait-il sans doute, laisserait vivre le fils là où il avait laissé mourir la mère. Cela était probable; mais il n'en fut pas ainsi. Sa deuxième femme ne lui donnant point d'enfant, M. de Borg, qui n'était plus jeune, commençait à craindre que son nom et sa fortune ne demeurassent sans héritier. Il se souvint du petit monstre aperçu à Dormsö. Un soir, Elias était dans la galerie des livres, silencieusement absorbé par la contemplation d'un volumineux in-folio que la lueur d'une lampe à la main traversait d'une bande d'or pâle; un pas inconnu se fit entendre derrière lui, et une voix presque dure l'appela par son nom. Le comte venait chercher son fils pour le conduire à Paris, espérant que la science des médecins français parviendrait peut-être à lui faire un héritier tolérable de ce ridicule avorton.

II

Au coin de l'avenue de Marigny et du faubourg Saint-Honoré, on voit un hôtel, maintenant inhabité, d'aspect sévère. Ce fut la demeure de M. de Borg. Le premier étage contenait les salles de réception, et le second l'appartement personnel du comte. Le troisième était spécialement réservé au baron Elias. Après avoir traversé l'antichambre, on entrait dans un salon tapissé de velours noir et orné de quelques portraits de famille séparés par des panoplies dont l'une, celle qui se trouvait en face de la porte principale, était surmontée d'un large nœud de ruban d'or où se lisait, en lettres carminées, l'antique devise de la maison de Borg : *Sumus qui fuimus*. Après le salon, la bibliothèque. La troisième pièce était une chambre à coucher, obscure tant elle était vaste, et que singularisaient de pesantes tentures de satin cramoisi sombre surchargées d'armoiries en cuivre peint; il y avait au fond, dans un coin morne, un lit d'ébène massif, sans sculptures, très-grand, très-haut, qui ressemblait à un sépulcre de marbre noir. Cette chambre était triste et ce lit était lugubre comme s'ils avaient eu le pressentiment d'une agonie. Les appartements et les meubles témoignent quelquefois d'une sorte de prescience de leur destination. A côté du lit, une portière en étoffe, presque toujours à demi relevée, permettait d'apercevoir un large balcon qui donne sur la cour intérieure de l'hôtel et que la volonté du jeune baron avait transformé en une serre opulente, à la toiture et aux murs de cristal. Mais le voisinage de ce jardin suspendu, plein de floraisons éclatantes et d'aromes délicieux, ne réussissait pas à égayer la sombre chambre de repos : c'était une tombe, il y avait des fleurs à l'entour.

Dix-huit mois après son départ de Dormsö, un matin de novembre, Elias était dans cette serre, le corps enveloppé dans l'épaisseur des feuillages, la tête appuyée à l'une des murailles transparentes.

Il avait onze ans. Il était pâle de cette pâleur de momie que communique à la peau la périodicité de la fièvre. Ses cheveux, longs, directs, presque blancs tant ils étaient blonds, serraient, comme entre deux plaques de vermeil dédoré, un front volumineux qui surplombait le reste de la face, approfondissant l'azur triste des yeux et prolongeant une ombre jusqu'aux ailes trop minces du nez. La bouche crispait des lèvres sans couleur, déformées par l'habitude d'une torsion méchante. Il y avait, en somme, quelque chose d'anormal et de contraint dans le dessin des traits ; çà et là se détiraient quelques rides ; et ce visage exprimait une grande lassitude, la lassitude de la précocité.

Par le vitrage où s'appuyait la tête du jeune baron, on pouvait apercevoir, au delà des bâtiments intérieurs de l'hôtel de Borg, une partie de la cour et la façade tout entière d'une maison voisine. C'était à une fenêtre, d'ailleurs fermée, de cette maison que s'attachait le regard d'Elias, regard fixe où se lisait l'angoisse d'une longue déception. Depuis deux heures l'enfant était là, invisible et guettant. Soudain, la fenêtre qu'il observait s'étant ouverte, une femme très-jeune, blonde, une jeune fille sans doute, s'y accouda, lointaine et gracieuse. Les yeux d'Elias, éblouis, se fermèrent; il retira vivement sa tête, ainsi qu'un homme perdu dans des ténèbres recule devant la lueur inespérée d'un flambeau; mais bientôt, et lentement, pour s'habituer à la splendeur de l'apparition, il se rapprocha de la vitre en relevant peu à peu ses paupières, et enfin, la bouche ouverte, les yeux béants, demeura immobile. Le méchant pli de ses lèvres s'était détendu en un sourire extatique; par instant ses narines se gonflaient comme aspirant un parfum lointain, et il semblait extraordinairement heureux. Il resta ainsi très-longtemps. La jeune fille accoudée à sa fenêtre ne se doutait guère de la joie que donnait sa vue à un pauvre enfant malade qui la contemplait de si loin. Elle semblait plongée en un rêve doux et long. Il se pouvait qu'elle attendît quelqu'un, car ses regards interrogeaient fréquemment l'allée d'une porte cochère située en face de sa croisée. Ce fut de ce côté que se montra bientôt un homme aux allures élégantes, qui la salua d'un geste familier, traversa la cour et disparut sous la marquise d'un perron. Elias, instinctivement, avait baissé les yeux; beau, un instant, de tendresse et de joie, il était devenu hideux; ses yeux, exorbitant, semblaient deux boules rouges; il mordait ses lèvres convulsivement, et par une vitre mobile de la serre sa tête grimaçante s'allongeait vers le nouveau venu au bout d'un cou membraneux et maigre comme celui d'un jeune vautour. Quand il releva son regard, craintivement, la fenêtre avait été refermée, la vision s'était évanouie. Alors, par suite d'une brusque affluence de sang à la gorge, Elias fut pris d'une toux rauque, profondément sonore, déchirante.

Cependant il ne quittait point son poste, espérant qu'un incident nouveau ramènerait l'idole à la portée de son culte. Il attendit. Par moments, il parlait. « C'est un parent, peut-être. » Il toussait un peu moins fort et il ajoutait : « Oui, oui, son frère, sans doute. » Mais tout à coup il secouait furieusement la tête. « Son frère ne viendrait pas tous les jours. Ce n'est pas ainsi que l'on attend un frère. » Et sa toux devenait plus déchirante. Quand le mélancolique observateur fut certain que la jeune fille ne reparaîtrait plus à sa fenêtre, il recula lentement, parmi les branches confuses des arbustes, jusqu'au milieu du balcon, et commença de marcher, le front bas, la bouche tordue, les mains crispées derrière le dos.

Elias, marchant, était pitoyable ; son épine dorsale, déviée et bosselant l'intervalle de ses deux épaules, le contraignait à se traîner péniblement voûté ; il était nain, au surplus, et bancal ; son costume, qui ne variait jamais, se composait d'un surtout de velours grenat sombre, assez court et peu ample, garni de fourrures, et d'un pantalon presque collant en étoffe noire. Ainsi vêtu, ce corps chétif, vieillot, brisé, que surmontait une face pâle à l'expression sournoise et farouche, pouvait faire songer à quelque Tom Pouce chargé de représenter dans un spectacle de foire le personnage de Louis XI, tel que le comprenait le comédien Ligier.

Il se traînait silencieusement, s'arrêtait quelquefois pour cueillir une fleur, une fleur blanche le plus souvent, la considérait avec douceur comme s'il y trouvait quelque analogie avec un objet cher et absent, puis tout à coup la froissait, la jetait à terre, piétinait dessus, et reprenait sa marche pénible, la tête plus basse, la lèvre plus amèrement tordue.

Un domestique entra et dit : « Monsieur le baron veut-il consentir à recevoir M. le docteur Delton ? » Elias ne parut point avoir entendu. Accoutumé sans doute aux façons de son jeune maître, le valet ne répéta point sa question et se tint immobile devant la porte. L'enfant continuait sa promenade mélancolique. Enfin, après un long silence : « C'est bien, » dit-il de cette voix aiguë qui est particulière aux nains ; et, le domestique s'étant respectueusement écarté, Elias passa dans la chambre à coucher, où le docteur Delton venait d'être introduit.

On connaît le docteur Delton, sinon pour l'avoir vu, du moins par le magnifique portrait qu'en a donné Flandrin, et qui fut l'un des plus grands succès du Salon de peinture en 1852. Sur cette toile, le savant spécialiste n'a pas encore trente ans. Il n'a pas changé depuis. Peu d'hommes sont doués d'un aussi beau visage. L'expression un peu hautaine de son front ne contredit pas absolument la familiarité de son sourire, mais la bonté de sa lèvre ressemble à de la clémence. Ce sourire a fait des ennemis au docteur Delton. Au surplus, l'étrangeté de ses doctrines, les résultats souvent merveilleux de ses traitements, le recommandent d'une façon suffisante à l'antipathie de quelques praticiens moins heureux. On sait qu'il attribue une large part d'influence à la santé de l'âme sur la santé du corps ; à propos d'un homme, connu pour très-peu honorable, qui avait journellement des digestions pénibles, il disait : « Ce sont les bonnes consciences qui font les bons estomacs, et l'on ne se guérit pas d'un remords avec un vomitif. » Diverses circonstances où il a fait preuve d'une sensibilité assez rare chez ses confrères lui ont valu de la part de l'un d'eux la qualification injurieuse de médecin romanesque. Tout le monde se rappelle la généreuse conduite du comte de T***, devenue célèbre par suite de l'indiscrétion d'un ami. La comtesse de T*** se mourait d'une maladie de poitrine, et, n'ignorant point son état, elle s'attristait affreusement. Il avait été statué dans le contrat de mariage des deux époux qu'à la mort de l'un d'eux les objets à son usage personnel, tels que bijoux, vêtements, lingeries, appartiendraient non pas à l'époux survivant, mais aux collatéraux du décédé. Pour écarter de l'esprit de sa femme l'idée d'une mort prochaine, le comte convertit sa fortune, assez considérable, en parures de toutes sortes; chaque matin, la malade recevait quelque présent d'un prix énorme. Quand elle mourut, son mari était ruiné; mais elle était morte en se croyant sauvée, heureuse. On raconta que les conseils du docteur Delton avaient dirigé le comte. A des personnes qui, en rappelant cette aventure, alléguaient un jour contre lui que l'avenir d'un homme sain et destiné sans doute à une longue vie ne devait pas être sacrifié aux satisfactions peu durables d'un mourant, le médecin répondit que les derniers jours des moribonds ne constituaient pas à ses yeux un avenir moins respectable que les nombreuses années futures des gens bien portants; que, d'ailleurs, il n'était pas toujours louable de raisonner très-subtilement, et que, quant à lui, il prenait volontiers le parti des malades, ceux-ci étant les faibles.

Elias entra dans sa chambre sans saluer, alla directement vers une chaise longue placée dans un coin très-sombre de la vaste pièce, s'y assit en ramenant ses jambes l'une sous l'autre, et de là, enfin, tourna vers le docteur des yeux durs et méchants. M. Delton, depuis longtemps accoutumé à la mauvaise humeur des malades, feignit de ne point prendre garde à cette hostilité manifeste.

« Bonjour, Elias, » dit-il en s'avançant de quelques pas

L'enfant ne bougea point.

« Ne me donnerez-vous pas la main aujourd'hui ? » reprit le docteur en souriant.

Elias répondit :

« Vous voulez avoir ma main pour me tâter le pouls.

— Je vous jure que je n'ai pas la moindre envie de vous tâter le pouls, repartit M. Delton en s'asseyant près de la chaise longue. Est-ce que j'en ai besoin, d'ailleurs ? Je sais parfaitement que vous avez la fièvre. Voulez-vous que je vous dise comment vous avez dormi ? Très-tard, fort peu et fort mal. Vous toussiez souvent. Vous entendiez dans vos oreilles des bourdonnements faibles et innombrables comme le seraient les bruits d'une armée de fourmis en voyage. Vos tempes battaient. Vous aviez très-soif, surtout dès que vous aviez bu. A peine alliez-vous vous assoupir malgré la fade et chaude atmosphère dont il vous semblait être enveloppé, que vous vous agitiez en sursaut; et, serré à la gorge par la corde d'un bourreau invisible, vous avez pu rêver deux ou trois fois qu'un animal pesant s'accroupissait sur votre poitrine.

— Vous êtes très-savant, fit Elias d'un ton amer.

— Ma foi oui, et assez savant pour vous guérir. »

En parlant ainsi, M. Delton prit dans sa main les petites mains chaudes et moites de l'avorton ; il l'enveloppa d'un bon regard de père et ajouta : « Voulez-vous que je vous guérisse, mon pauvre et cher enfant? »

Il y avait une telle tendresse, une sympathie si évidente dans les yeux et dans la voix du docteur, qu'Elias se sentit ébranlé dans sa résolution d'être froid et mauvais. Son visage s'éclaira. Mais ce ne fut qu'une lueur, et il répondit d'un voix aigre et heurtée :

« Oui, vous me guéririez, c'est-à-dire que vous m'empêcheriez de mourir. Je vous ai compris, n'est-ce pas? Eh bien, nous ne pouvons pas nous entendre. Être guéri ! Savez-vous ce que cette parole veut dire pour moi? C'est être grand, c'est être droit, c'est ne pas avoir une bosse sur le dos, les jambes en arc et les pieds tordus; c'est ressembler aux gens qui passent dans la rue et qui ne boitent pas; c'est pouvoir être un jour heureux et malheureux de la façon dont les autres le sont. Il y a des hommes; je voudrais qu'ils pussent ne pas me prendre en dégoût rien qu'à me voir. Il y a des femmes; je voudrais qu'elles pussent m'aimer. Voilà comment je souhaiterais d'être guéri. Mon ambition dépasse votre pouvoir, n'est-il pas vrai? Qu'est-ce donc que vous pouvez pour moi? Délivrer mon front, mes joues, tout mon corps de la chaleur incessante qui l'enveloppe? À quoi bon? J'aime la fièvre qui endort et isole ma pensée de la réalité. Prolonger ma vie de cinq ou six années, peut-être même détruire en moi le germe de cette phthisie héréditaire qui me consume peu à peu? Enfin me faire vivre, mais vivre contrefait? Je ne le veux pas. Vous m'entendez. Je vous dis que je ne le veux pas. Que ma sainte et miséricordieuse mère soit bénie! ajouta-t-il d'une voix plus douce. N'ayant pu me donner de quoi être heureux, elle m'a légué de quoi mourir. »

Elias se tut. Il avait les pommettes très-rouges et le front luisant d'une moiteur presque froide. Le docteur le considérait en silence et d'abord ne répondit pas.

« Il est certain, dit-il après une longue pause, qu'il est situé hors de toute puissance humaine de vous rendre droit et bien fait. Guérir, pour vous, ne peut être que vivre.

— Eh bien, laissez-moi mourir.

— Non, vous pouvez être heureux. Ne me regardez pas avec ces yeux mélancoliques et méchants. Je vous répète que vous pouvez être heureux. Vous êtes contrefait? N'importe. Artiste ou savant, faites de grandes choses; la beauté de l'œuvre rachète la difformité de l'ouvrier. D'ailleurs, vous êtes puissamment riche; voilà de quoi vous faire respecter, monsieur le baron. Laissez-moi vous guérir; je réponds du reste.

— Je ne serai pas aimé, dit l'enfant.

— Des femmes? Vous avez onze ans, et je ne pense pas que vous soyez amoureux déjà. »

Elias frissonna. M. Delton ne parut point

remarquer ce mouvement que l'enfant attribua à sa maladie en disant : « J'ai la fièvre.

— Oui, fit le docteur, c'est votre heure. »

Et il continua :

« La crainte de ne pas être aimé ne constitue donc pas un obstacle à votre bonheur immédiat. Quant à l'avenir, ne vous effrayez point. Pourquoi ne seriez-vous pas aimé un jour ? On peut vous parler de ces choses parce que les souffrances vous ont fait homme avant l'âge. L'âme des jeunes malades est remarquablement sensible ; leur intelligence se développe avec une précipitation surprenante ; et cette précocité existe chez vous à un point où je ne l'ai jamais rencontrée chez les enfants les plus..... »

M. Delton hésitait.

« Les plus rachitiques, acheva Elias.

— Donc, reprit le docteur, parlons des femmes. J'en ai vu beaucoup, et d'une façon tout à fait propre à acquérir quelque connaissance de leur caractère. Les médecins apprennent bien des choses, et ils n'ont pas besoin pour cela d'être de grands observateurs ; on ne leur cache rien. Eh bien, je vous affirme qu'il est par le monde des femmes si adorablement bonnes, que le nom de femme, si toutes étaient comme quelques-unes, serait, appliqué aux anges du ciel, une qualification trop élogieuse. Espérez, mon cher Elias, les femmes ont pitié.

— Pitié! répéta l'enfant avec amertume.

— Oui. Supposons qu'à vingt ans vous rencontriez une de ces femmes, exceptionnelles sans doute, moins rares en effet que ne se l'imaginent les gens du monde, le premier sentiment qu'elle éprouvera pour vous sera de la pitié. Mais vous êtes noble, vous êtes riche, soyez bon, soyez glorieux, et, surtout, aimez-la, celle qui aura eu miséricorde. La tendresse que vous lui inspirerez, pour être née de la compassion n'en sera pas moins de l'amour comme vous le rêvez, enfant, et comme vous le comprendrez, homme. »

Le docteur parla longtemps avec cet enthousiasme communicatif qui distingue son éloquence; il ne tarda pas à produire une assez vive impression sur l'âme de son malade. Avant même que M. Delton eût achevé, Elias se leva, marcha rapidement par la chambre, et, comme s'il eût été seul, il se parlait tout haut à lui-même.

« Cela serait possible ? Il se pourrait qu'une femme ne repoussât pas un misérable avorton comme moi ? N'étant pas fait comme les autres, on pourrait être aimé comme eux ? Oh ! s'il se pouvait ! »

Il s'écriait ainsi, les cheveux volants, les yeux traversés de flammes, et alors, n'eussent été les tortillements saccadés de sa marche, il eût été beau, tant la joie ressemble au soleil qui fait de l'ombre un incendie et d'un chaume un toit d'or.

« Maintenant, Elias, reprit le docteur qui voyait l'enfant parvenu au degré d'excitation où il avait jugé à propos de le faire arriver, maintenant, ne voulez-vous pas que je vous guérisse ? »

Elias revint s'asseoir sur la chaise longue, regarda fixement le médecin et dit :

« Vous le pourriez ? Vraiment ?

— Je le crois.

— Eh bien ! je le veux. Que faut-il faire ? Ordonnez. J'obéirai. »

M. Delton demeura un instant silencieux, puis il dit, en jouant avec les pâles cheveux du malade :

« Puisque vous voilà raisonnable, mon cher Elias, écoutez-moi. Quand votre père vous a conduit à Paris, il y a dix-huit mois, je vis tout d'abord qu'il serait impossible de redresser votre corps. Vous étiez contrefait ; vous deviez le demeurer ; mais je ne concevais aucune inquiétude sérieuse à propos de votre vie ; le mal que vous sembliez devoir hériter de votre mère n'affirmait point encore ses symptômes, et l'on devait espérer qu'il serait possible de le prévenir. Durant les premières semaines, tout alla bien ; aucunes complications ne semblaient sur le point de surgir, et j'aurais certainement répondu de vous. Mais bientôt votre état s'est aggravé soudainement ; vos joues se sont creusées ; par suite d'une insomnie persistante, vos yeux se sont injectés de sang ; votre respiration a cessé d'être régulière ; parfois elle est rauque et sifflante, comme en ce moment ; enfin la fièvre est survenue. Cette explosion rapide d'une affection que je n'avais pas jugé devoir se manifester avant plusieurs années m'a grandement surpris ; j'en ai cherché la cause ; je ne l'ai pas trouvée, mais il doit y en avoir une. »

Elias fronça les sourcils ; la défiance revenait.

« Cette cause, pour vous guérir, il faut que je la connaisse. Vous avez quelque chagrin, mon enfant. Une douleur violente aura forcé à se montrer tout à coup le mal encore latent. Enfin, je crois, je suis sûr que vous avez un secret ; confiez-le-moi, je vous guérirai.

— Ah ! s'écria Elias en se levant avec colère, vous m'avez tendu un piége !

— Pour vous sauver. Parlez, je vous en prie. Est-ce que je ne suis pas votre ami ? »

Elias était debout, le visage empourpré.

« Vous n'êtes que mon médecin, monsieur Delton, dit-il avec des sifflements de vipère dans la gorge, et je n'ai pas besoin de vous, parce que je ne veux pas guérir. »

En achevant cette phrase avec un regard de

dédain, Elias avait soulevé la tenture qui séparait sa chambre du balcon ; il entra dans la serre, et, le rideau ne retombant qu'avec lenteur, M. Delton put voir le pauvre enfant cueillir, d'un geste où éclatait une passion longtemps contenue, un magnifique camélia blanc qu'il baisa et mordit avec emportement.

III

Elias s'était promis de ne jamais révéler son secret. Il est des âmes qui ne veulent pas se laisser voir à nu. On arrache le lierre au tronc d'arbre, l'huître perlière à la roche, non l'aveu de leur joie ou de leur douleur à ces âmes tenaces. Elias savait d'ailleurs qu'une révélation de sa part ne pouvait être accueillie que par des sourires de pitié. On lui dirait : « Vous êtes un enfant, » ou : « Cela n'est pas sérieux. » Puis, de quelles paroles se servir pour faire comprendre un sentiment anormal au point que celui même qui l'éprouvait ne parvenait à s'en expliquer la nature que très-imparfaitement? Était-ce de l'amour, cette idolâtrie étrange pour une figure lointaine, vaguement entrevue? Si les facultés intellectuelles du jeune baron avaient été puissamment développées par la maladie, il ne paraissait pas qu'il en eût été de même de son tempérament physique; or, l'amour est une passion complexe qui, dans ses manifestations entières, participe tout autant de l'irritation des nerfs que de l'exaltation de la pensée. Il se pouvait que, malheureux dès le premier âge par l'abandon de son père, assez mal traité par les domestiques du château de Dormsö, mais adoré et doucement choyé par sa mère mourante, Elias eût conservé pour les femmes en général une sorte de tendresse reconnaissante. Cependant, si le sentiment qui l'entraînait vers la jeune fille de la fenêtre n'était autre chose qu'une piété filiale transportée sur une personne qui lui rappelait un bonheur évanoui, pourquoi tant de désirs inexpliqués? Pourquoi des larmes? Pourquoi de la jalousie?

Quoi qu'il en fût, Elias souffrait. Nul n'était là par qui il voulût être consolé ; on l'a vu repousser les sympathiques instances du docteur Delton ; il ne pardonnait pas à son père la fin mélancolique de Mme de Borg ; d'ailleurs le comte, qui allait dans le monde, était presque toujours absent de l'hôtel. Ainsi le triste avorton demeurait solitaire, et lentement il se mourait.

Une fois il resta jusqu'au soir dans la serre. Il lui semblait qu'il se passait quelque chose d'inaccoutumé dans la maison voisine. Neuf heures sonnèrent. Il vit s'éclairer une à une les fenêtres de la façade, et des ombres passaient en silhouette derrière les rideaux fermés. Bientôt des voitures entrèrent dans la cour. Elias en regarda descendre des femmes aux toilettes brillantes, la tête enveloppée de gaze, les épaules vêtues de manteaux bleus ou blancs. Des hommes, descendus avant elles, leur offraient le bras pour monter l'escalier du perron, qui était orné de magnifiques fleurs et dont les degrés de pierre avaient été recouverts d'un tapis. Deux candélabres posés sur la première marche et le reflet des fenêtres illuminées jetaient dans la cour une lumière si vive que l'enfant pouvait aisément se rendre compte de ce qui s'y passait. Il comprit qu'il y avait un bal. Avec quelle rancœur il considérait tous ces hommes, les jeunes hommes surtout, qui n'étaient pas des enfants, qui n'étaient pas bossus, qui n'allaient pas mourir et qui allaient la voir. Comme toutes les passions anormales, l'amour (car c'était de l'amour, pourtant!), l'amour du jeune baron puisait des forces dans son étrangeté même. Si des obstacles vulgaires suffisent à exaspérer les sentiments d'un amant placé dans une situation commune, à quel degré d'acuïté douloureuse devait s'élever la passion de cet enfant contrefait, si évidemment destiné au désespoir? Parmi la foule qui descendait de voiture et montait l'escalier, il reconnut le jeune homme qui venait tous les jours; il remarqua qu'il était plus beau et beaucoup mieux habillé que les autres. Il les détestait tous, mais celui-là il le détestait de préférence. En ce moment, la haine et l'amour se faisaient dans le cœur d'Elias un si égal contre-poids que, mis dans l'alternative de prendre la place de cet homme qui était peut-être le fiancé de la chère inconnue, ou de le pouvoir faire mourir, il aurait longuement hésité. Peu à peu les invités arrivèrent en moins grand nombre; la cour devint presque silencieuse; on y remarquait à peine quelques groupes de valets chuchotant dans des coins obscurs, car, la nuit étant belle, les domestiques la passaient au grand air; mais l'animation des salons paraissait extrême. Une musique joyeuse se faisait entendre; des couples très-rapides passaient en dansant derrière les croisées en flamme. Elias songea à ses jambes contournées, à ses genoux cagneux, et sourit amèrement. Il n'y avait qu'une fenêtre, éclairée cependant, où ne transparussent point les formes fugitives : c'était celle qui était chaque jour l'objet de la contemplation d'Elias. L'enfant, ce soir, la regardait encore avec douceur; il s'estimait heureux que la chambre où sa vie était voulût bien ne pas se laisser distraire de son silence et de sa solitude, et il éprouvait une sensation analogue à celle d'un homme qui, voyant au retour d'un voyage sa maison incendiée, remarquerait avec joie que les flammes n'ont pas atteint la partie de sa demeure où il travaillait et rêvait de préférence. Mais cette chambre ne resta pas longtemps inoccupée. Une forme, si légère, si blanche, palpita dans les rideaux ; la fenêtre s'ouvrit, et l'enfant poussa un cri de joie. Vaguement aperçue dans la pénombre que formait, mêlé à la nuit, l'éclairage ardent des salons, l'apparition de chaque jour s'appuyait au rebord de la croisée. Le ravissement d'Elias était à son comble. Jamais il n'avait éprouvé un bonheur pareil. Il tendait les bras ; il appelait ; il aurait voulu se précipiter. N'y a-t-il pas quelque chose d'affreusement mélancolique à songer que cette jeune fille, belle et heureuse, et venant, lasse d'une valse, aspirer à sa fenêtre les tièdes fraîcheurs d'une nuit d'automne, était à jamais adorée sans espoir par cet enfant chétif et déplorable que de grandes souffrances avaient rendu capable d'un grand amour, et qu'il était là, et qu'il pleurait de joie, et qu'elle ne le voyait pas pleurer ?

Quant à moi, c'est mû par un sentiment de commisération profonde que j'ai entrepris de raconter l'histoire du malheureux fils de la comtesse de Borg. L'inconnue, dans la nuit, semblait un doux fantôme blanc. Elias avait la fièvre, d'ivresse. Mais tout à coup il jeta un nouveau cri, un cri d'angoisse cette fois. Un homme, — oh! comme l'enfant reconnut vite le visiteur quotidien! — un homme venait de s'accouder à côté d'elle. Il lui parlait de près. Que pouvait-il lui dire? Eh! il disait ce qu'il aurait dit, lui, Elias, s'il avait été un homme et non un enfant, un être bien fait et non un avorton, et qu'il eût été auprès d'elle, la nuit, après une valse qu'ils auraient valsée ensemble, au lieu d'être traîtreusement embusqué derrière une vitre, la bouche béante et le cou tendu! Le misérable nain souffrait à tel point que sa souffrance, si elle leur avait été tout à coup révélée, aurait peut-être fait s'écarter l'un de l'autre les deux amoureux et s'interrompre le baiser que le jeune homme appuya longuement sur l'épaule de son amie. Elias vit ce baiser; il crut l'entendre. Ses yeux se voilèrent, quelque chose se brisa dans sa poitrine, ses genoux défaillirent, il tomba en arrière, le crâne sur le pavé du balcon, évanoui.

Un domestique, qui était dans la bibliothèque, accourut au bruit de la chute. Le baron, transporté sur son lit, se laissa déshabiller et coucher sans donner signe de vie. Tout l'hôtel fut bientôt en émoi, mais on ne savait que faire. M. de Borg, absent selon sa coutume, ne rentrerait pas avant le jour. Par bonheur, quelqu'un eut l'idée d'éveiller le concierge et d'envoyer chercher le docteur Delton. Cependant le domestique, qui croyait son jeune maître mort, veillait auprès de son lit.

Une heure à peine s'écoula avant l'arrivée du médecin ; on ne l'avait pas trouvé chez lui, mais sa mère, avec laquelle il demeurait, avait pu donner des indications précises. M. Delton devait être à un bal qui se donnait à l'occasion des fiançailles de M. Chardin, son ami, avec Mlle Juliette de Pœan. Par un hasard favorable, l'hôtel Pœan se trouvait tout proche de l'hôtel Borg, et le concierge, en revenant, avait fait appeler le docteur, qui s'était empressé de quitter le bal.

M. Delton alla droit au lit du malade et lui prit la main.

« Il est mort ? demanda le domestique.

— Non, pas encore. Que s'est-il passé ? »

Craignant d'être réprimandé pour avoir laissé le baron, dont la garde lui était confiée, rester trop longtemps dans la serre, le valet raconta qu'Elias s'était couché de bonne heure, avait eu beaucoup de fièvre, et enfin, après un peu de délire, s'était évanoui. Le docteur parut étonné que cette crise n'eût pas eu de cause plus directement déterminante.

« Il va reprendre connaissance, » dit-il après une pause; et, comme s'il eût voulu, par suite de je ne sais quel pressentiment, être seul à entendre les premières paroles probablement délirantes du malade, il fit signe au domestique de sortir, et lui enjoignit de ne revenir, sans être appelé, que dans le cas où M. de Borg rentrerait à l'hôtel.

Elias rouvrit les yeux. M. Delton s'était

placé de façon à ne pas être aperçu tout d'abord. L'enfant porta les mains à son front et dit : « Oh ! que c'est chaud ! » Puis ses bras retombèrent. Il y eut alors un silence, mais très-court et rompu par ce cri : « Ah ! je me souviens. Il l'a embrassée. J'ai vu. J'ai entendu aussi. A la fenêtre. On ne savait pas que j'étais là. Quand donc était-ce ? Hier, je crois. Non. Il y a très-longtemps. Il y a huit jours peut-être. Il fait nuit. Est-ce que j'ai dormi pendant huit jours ? » Le docteur était stupéfait. Elias continua avec plus de violence : « Non ! c'est ce soir ! c'est tout à l'heure ! J'en suis sûr ! Laissez-moi ! je vous dis qu'il l'a embrassée ! » Et ce fut un spectacle horrible de voir l'avorton rouler plutôt que descendre de son lit, et, à moitié nu, en délire, pleurant, criant, avec des gestes d'halluciné, ramper jusqu'à la portière d'étoffe, et, l'ayant soulevée, se précipiter follement vers le vitrage de la serre resté entr'ouvert.

M. Delton le suivait ; il le vit plonger sa tête dans les branches ; mais, placé derrière Elias, le docteur n'aperçut que très-imparfaitement les personnes et les objets qui arrachaient à la gorge de l'enfant ces pénibles exclamations : « Elle est encore à la fenêtre ! elle est seule. Est-ce que j'ai rêvé ? Non, il va venir. Ah ! il traverse la cour ! C'est pour le regarder s'en aller qu'elle s'est mise là ! » M. Delton, s'étant hissé sur un escabeau où se trouvaient quelques instruments de jardinage qui servaient à émonder les arbustes de la serre, put voir en effet une femme appuyée au rebord d'une fenêtre ; elle se penchait en avant, elle parlait à un jeune homme qui traversait la cour, et dans un dernier adieu elle lui envoya un baiser. « Encore ! cria Elias. Oh ! je ne veux plus voir, je ne veux plus voir ! » et en se retournant il se trouva en face du docteur qui descendait de l'escabeau.

« Vous ! vous êtes-là ! qu'est-ce que vous faites là ? Allez-vous-en ! »

Comme une bête traquée, Elias alla s'accroupir dans un coin.

« Calmez-vous, cher enfant, » dit M. Delton en avançant de quelques pas.

« Ne m'approchez pas ! » reprit le malade

d'une voix en même temps aiguë et gutturale, la voix d'un nain et d'un mourant. « Vous voulez me guérir, n'est-ce pas ? Vous voulez que je vive pour les voir tous les jours, comme ce soir ? Qu'ai-je à faire de vivre, puisqu'elle aime cet homme ? Ah ! il y a des femmes qui valent mieux que des anges ? Il y a des femmes qui ont pitié ? Vous avez dit cela. Vous avez menti. Vous êtes un menteur ! Ne m'approchez pas ; je vous déteste. »

L'enfant haletait. M. Delton n'osait avancer davantage, craignant de le pousser à bout. Soudain Elias frissonna des pieds à la tête.

« Je comprends ! Vous l'aimez aussi ! c'est pour cela que vous êtes ici. Vous venez pour la voir, comme moi, par la vitre. Vous voulez me la prendre, vous aussi. Ah ! lâche ! Ah ! menteur ! je vais vous tuer. »

Furieux, avec un cri de chacal, Elias se jeta sur le docteur, lui saisit les mains et les mordit. M. Delton essayait vainement d'emprisonner l'enfant dans ses bras, afin de le porter sur le lit, où il aurait pu s'en rendre maître plus aisément. Elias hurlait, égratignait, déchirait.

Il était fou. Il criait : « Je te tiens ! tu l'aimes ! tu veux me la prendre ! tu veux me guérir ! Je vais te tuer. » Puis, tout à coup et d'un mouvement inattendu, il échappa au médecin, se précipita vers l'escabeau, y prit une serpe tranchante, et s'élança d'un bond sur la poitrine de M. Delton. « Tiens ! tiens ! disait-il, es-tu mort ? » Mis dans la nécessité de défendre sa vie, le docteur eut à peine le temps de saisir les deux bras d'Elias ; tandis qu'il les comprimait dans sa main droite (et toute sa force y était à peine suffisante), il empoigna de l'autre l'un des maigres genoux contrefaits de l'enfant, et réussit enfin à porter sur le lit de la chambre voisine cet horrible fardeau qui pleurait, geignait, toussait, râlait.

Mais ce dernier accès avait épuisé l'énergie du délire ; une fois étendu, Elias demeura immobile, les yeux ouverts et ne voyant rien, la bouche béante et sans parole.

M. Delton sonna. Le valet, qui s'était endormi dans l'antichambre, arriva lentement.

« Restez auprès du baron. Il ne faut pas qu'il aille dans la serre. Empêchez-le de se lever, à tout prix. Si vous ne pouvez vous en dispenser, attachez-le. Je reviens dans un instant.

— Monsieur le baron va donc très-mal? hasarda le domestique, qui se repentait peut-être d'avoir dissimulé l'aventure du balcon.

— Oui, il se meurt, » répondit le médecin; et il sortit, non sans avoir jeté un long regard de miséricorde sur le pauvre enfant couché, qui semblait un cadavre auquel on n'aurait pas encore fermé les yeux.

IV

Le délire d'Elias ne se révélait plus à l'extérieur, mais, dans l'âme du malade, il était toujours aussi violent. Que de pensées traversent l'esprit d'un moribond! Tout surgit et se mêle, se détruit et se recrée. Elias, en de vagues mirages, revoyait son enfance mélancolique dans le château de Dormsö, ses vagabondages sous les grands arbres, et la chambre ancienne où sa mère était assise devant les vitrages peints d'une haute croisée. Il voyait aussi l'inconnue de la fenêtre répondant d'un sourire au salut de son ami, et le bal, et le baiser, et le docteur, tout cela dans un nuage, sans distinction précise du lieu ni du temps. Et il souffrait à mourir. L'air manquait à sa poitrine. Il avait soif. Il aurait voulu boire de la neige. Il croyait que quelqu'un lui mettait le genou sur la gorge. Il s'entendait râler, mais il pensait que ce bruit venait de très-loin, que c'était le bruit d'une mer qui s'éloignait, d'une mer où il aurait pu boire. Une sueur l'inondait, froide. Il n'y voyait pas. Il se disait : « Maintenant, je me meurs. » Peu à peu, cependant, il lui sembla qu'il se passait autour de lui quelque chose de doux et d'étrange. Il aperçut une clarté légère, pareille à la clarté matinale qui pénètre dans la chambre d'un dormeur; il se faisait près de son lit un froissement délicat; la lumière émanait de ce froissement; il s'imagina que l'on ouvrait les rideaux d'une fenêtre par où il entrait du soleil. Sa respiration était moins pénible; un souffle délicieux lui rafraîchissait les poumons, et il était comme un homme sur le point de mourir asphyxié à qui l'on rendrait tout à coup l'air, le jour, la vie.

Quand il eut tout à fait repris ses sens, Elias se trouva couché dans sa chambre, près d'une lampe douce, en face d'une jeune fille délicieusement belle, vêtue d'une robe de gaze blanche, et qui avait des violettes dans les cheveux.

« Elle! elle! » dit-il.

Il ne savait s'il rêvait ou veillait; il crut qu'il était mort et qu'il était déjà dans le paradis dont sa mère lui avait parlé.

Mlle Juliette de Pœan avait dix-sept ans; les azurs des ciels les plus clairs auraient paru sombres, comparés au bleu tendre de ses yeux; sous l'or de ses cheveux la candeur de sa peau était blanche comme les lis, mais moins froide; et son sourire était d'une sainte.

Auprès de ce lit bientôt mortuaire, elle avait

l'air de l'ange chargé de recueillir et d'emporter l'âme de l'enfant moribond.

« Elle ! » répéta Elias, et, par un mouvement instinctif, il cacha sa tête dans les couvertures.

Mlle de Pœan, troublée de la situation exceptionnelle qui lui était faite, s'efforça de vaincre une dernière répugnance et se rapprocha du malade.

« Monsieur, dit-elle, hésitante, monsieur le baron, est-ce que vous vous trouvez mieux ? »

La phrase était banale; mais la voix était pleine de tant de miséricorde ! Au son de cette voix inespérée, Elias tressaillit; la faculté de percevoir vite et profondément, que possèdent les personnes à qui il reste peu d'instants à vivre, lui permit d'éprouver à la fois un nombre infini d'émotions adorables. Il suffoquait de joie; mais il se croyait fou.

« Comment êtes-vous ici? Vous! c'est vous! Comment se fait-il que vous soyez ici?

— Le docteur Delton m'a dit que vous vouliez me voir ; je suis venue. Je m'en irai si je vous gêne.

— Il avait donc raison ! il y a des femmes qui sont meilleures que des anges ! »

Elias prit son front dans ses mains et pleura abondamment.

« Qu'avez-vous, mon enfant ? » demanda Juliette.

Il se dressa brusquement.

« Ne m'appelez pas enfant, je ne suis pas un enfant ! »

Il y avait tant de colère dans sa voix que Mlle de Pœan recula, effrayée.

« Oh ! pardon ! pardon ! ne m'en veuillez pas. C'est que je suis fou. On ne vous a donc pas dit que je suis fou ? Ayez pitié. Ne vous en allez pas. Depuis que je vis, j'ai été si malheureux. Voici la première fois que je pleure de joie. Ne vous en allez pas. Je n'ai jamais aimé que ma mère et vous, vous plus que ma mère, et avant, car, maintenant, je le sens bien, en elle, c'était vous que j'aimais déjà. Il y avait à Dormsö des domestiques qui me battaient. C'était quand j'étais petit. Si je leur demandais

pourquoi ils me battaient, ils me répondaient :
« C'est pour t'apprendre à marcher droit. »
Était-ce ma faute si j'étais boiteux? D'autres
fois ils me battaient parce que j'étais bossu.
Car il faut vous dire que je suis bossu, mademoiselle, et boiteux aussi. Vous ne pouvez pas
vous en apercevoir parce que je suis couché,
mais si vous voulez vous détourner un instant,
je m'habillerai et je marcherai devant vous ;
vous verrez bien que je boite et que j'ai une
bosse. Non, non. Je suis trop laid. Ne bougez
pas. Regardez-moi. Ma mère me disait que j'a-
vais de beaux cheveux. Quand on me maltrai-
tait, je ne lui en parlais pas, pour qu'elle n'eût
pas de chagrin. Elle était déjà si malade, ma
mère; elle est morte d'une maladie de poitrine.
Il paraît que c'est un mal héréditaire et qu'il
va falloir que je meure aussi de ce mal-
là. Je vous dis ces choses pour que vous
ayez beaucoup de pitié. Mon père est un mauvais homme. Il nous a rendus très-malheureux,
maman et moi. Il est bien temps que quelqu'un
s'intéresse à moi. Il y a le docteur Delton, mais
c'est un homme. Les hommes ne sont pas

comme ma mère. Vous êtes comme elle, vous ; mais plus belle. Je dis cela pour rire. Cela ne me regarde pas que vous soyez belle, puisque je ne suis qu'un enfant, un enfant bien à plaindre. Aussi, vous resterez près de moi, parce que vous êtes bonne. Est-ce que ce n'est pas tout simple de veiller un pauvre petit être qui se meurt ? Puis vous pourriez être ma sœur. Voilà, vous êtes ma sœur. Vous voyez que je ne suis pas aussi fou que le docteur Delton le dit. Vous pouvez demeurer là, sans crainte. Je ne vous dirai rien de mal. On ne vous grondera pas. Vous n'avez jamais été battue, vous, mademoiselle ? Si mon père vient, il ne faudra pas le laisser entrer. Vous voyez que je n'ai pas d'idées ridicules. Je suis un enfant, et je parle comme un enfant. Ne vous en allez pas. Je serai bien sage. »

En parlant ainsi d'une voix mourante et pleine de tendresse, Elias contemplait avec délices l'adorable vision de sa dernière nuit.

« Je ne vous quitterai pas, » dit la jeune fille intimement émue, et, doucement, elle s'accouda sur le lit.

L'enfant rayonnait. On eût dit qu'un instant de bonheur lui avait rendu son âge. Il souriait, il parlait de mille choses ; il aurait aimé à monter à cheval, s'il n'avait pas été contrefait ; il lui demanda son nom. Moi, dit-il, « je m'appelle Elias. » Il s'informa de l'âge qu'elle avait, et quand elle eut répondu : « Dix-sept ans, » il ajouta gaiement : « Comme vous êtes vieille ! » Mlle de Pœan put croire que le docteur Delton avait exagéré l'horreur de la situation ; elle comprenait seulement qu'elle faisait plaisir à cet enfant, et elle s'estimait heureuse d'être bonne. Parfois Elias éclatait de rire, mais son rire, trop violent, dégénérait en un râle que suivait une quinte de toux ; alors il était horrible à voir ; ses yeux paraissaient vouloir sortir de leurs orbites ; il allait mourir, il mourait. Dans ces moments, Mlle de Pœan, effarée, voulait appeler, craignant quelque affreux événement ; mais bientôt, par une volonté plus forte que ses souffrances, le malade se calmait ; il ne toussait plus ; il souriait ; il parlait ; il disait : « N'appelez pas ; je vais mieux. Je suis guéri ; je suis très-bien, restez. » Et la jeune fille, que trompait ce retour apparent à la vie, se rasseyait en disant : « Il ne mourra point. »

Tout à coup, Elias, après, un silence où il avait paru chercher à rassembler ses idées, s'écria :

« Est-ce que vous êtes venue seule ?

— Non, ma mère est là, dans le salon, avec le docteur, qui est notre ami. Voulez-vous que j'appelle ma mère ? elle viendra volontiers. Nous serons deux à vous soigner.

— Et votre frère ? demanda Elias en regardant Mlle de Pœan avec une fixité singulière. Est-ce que votre frère ne vous a pas accompagnée ?

— Je n'ai pas de frère, répondit Juliette surprise.

— Vous n'avez pas de frère ? Ce n'est pas votre frère, ce jeune homme qui vient tous les jours ? C'est donc votre fiancé, votre mari ou votre amant ? Je ne suis pas un enfant. Je vous aime. Je suis jaloux. Je vous ai menti. J'ai onze ans, oui, mais chacune de mes années a contenu des siècles d'angoisses et d'épouvantes. J'ai vieilli tout à coup, sans qu'on s'en aperçoive, comme ces chasseurs des légendes de mon pays, entraînés par les mauvais esprits dans une éternelle chasse noire. Il n'y a pas eu de temps pour moi. Je suis né homme comme je suis né bossu. De même que mes difformités, tout d'abord définitives, ne se sont pas accrues, mon esprit n'a pas eu de développements ; il a toujours été ce qu'il est maintenant, l'esprit d'un homme, et je vous aime. Oui, moi, je vous aime comme un homme ! Je ne suis pas un enfant, je suis un nain, et je suis jaloux. Ce soir, j'ai voulu tuer le docteur. Vous ne savez pas, celui que vous aimez, je veux le tuer aussi. Oh ! je le tuerai. Un nain peut bien donner un coup de couteau. Vous verrez, vous verrez. Je le hais. Vous aussi, je vous hais ! Qu'est-ce que vous êtes venue faire ici ? Me voir mourir, n'est-ce pas, pour être bien sûre que je ne pourrai pas le tuer ? Allez-vous-en. Vous me faites du mal. Je ne veux plus vous voir. Allez-vous-en. »

Épouvantée, Juliette se leva ; au bruit des paroles violentes d'Elias, une porte s'était entr'ouverte, laissant apercevoir la tête attentive du docteur Delton ; l'enfant comprit que la jeune fille allait réellement se retirer, qu'on allait la lui prendre, que tout serait fini ; il ne put pas supporter cette idée ; il se calma, il dit :

« Pardonnez-moi, mademoiselle ! je vous en conjure. Je suis mauvais. Mais quand on souffre, on est aisément méchant. Ne m'en veuillez pas de ce que je vous ai dit. J'étais très-bête. Il n'y a pas de mal à ne pas avoir de frère. Je ne crierai plus ; je ne suis plus en colère ; restez auprès de moi ; je suis très-tranquille ; c'était la fièvre. »

Elias vit se refermer la porte. Juliette se rapprocha de lui et dit doucement : « Pauvre ami ! » L'excellente jeune âme faisait exprès de ne plus dire : « enfant, » craignant d'aviver les tortures du moribond.

« Je suis méchant parce que je vous aime et que vous ne pouvez pas m'aimer, reprit Elias d'un ton moins amer. Comme il doit être heureux celui que vous aimez ! Ne me parlez jamais de lui ; cela me ferait mourir tout de suite. Je vous aime bien aussi, plus que lui, je parie.

Depuis un an, je n'ai qu'une pensée : vous ! Il y a une serre, là ; par une vitre, on peut apercevoir votre fenêtre ; c'est dans cette serre que j'ai vécu. Je vous vois tous les jours, mais vous ne regardez jamais de mon côté. Vous ne pourriez pas me découvrir, d'ailleurs ; je suis trop bien caché. Quand vous tournez la tête par hasard, je me recule tout de suite. C'est horrible et charmant. Quelquefois, je fais des rêves. J'ai vingt ans, je suis beau, je me fais présenter à votre mère pendant un bal, et je danse avec vous. Il y a dans la serre des fleurs toutes blanches que j'aime parce qu'elles vous ressemblent. Quand vous venez à votre croisée, je vous reconnais tout d'un coup, malgré l'éloignement. La première fois que je vous ai vue, c'était un mardi. J'ai beaucoup de mémoire. Vous portiez une robe blanche. Il y avait des pervenches dans vos cheveux. Je n'ai pas pu savoir si c'étaient des fleurs naturelles ; cela m'a beaucoup inquiété. Hier vous aviez mis une robe grise, en soie ; je suis sûr qu'elle est en soie parce que le soleil se mirait dans les plis de la jupe. N'est-il pas vrai que je vous adore ?

Je suis très-malheureux. La nuit, il n'y a que vous dans mes songes, et ce ne sont pas des songes, car je ne dors pas. Le docteur Delton peut vous dire que je ne dors pas du tout. Seulement je pense, et je vous vois. Vous êtes près de moi. Mais ce n'est pas auprès du lit où je vais mourir, comme vous êtes maintenant ; c'est dans une grande forêt, près d'un ancien château, près du château où ma mère a vécu, dans la forêt où ma mère est enterrée ; c'est le printemps et c'est le matin ; en Norvége, il y a des fleurs dans les bois, toutes petites, toutes parfumées ; je n'en ai point vu de pareilles ici, au bois de Boulogne. Nous marchons, seuls ; moi, je suis un beau jeune homme, j'ai une grande épée comme dans les romans ; s'il venait un tigre, je le tuerais, parce que j'ai beaucoup de courage, bien que je sois petit ; d'ailleurs je suis très-grand dans mon rêve ; nous nous arrêtons quelquefois, pour mieux écouter les oiseaux ; quand ils se taisent, je suis bien heureux, car, alors, vous parlez ; bientôt nous arrivons auprès de la tombe de ma mère, nous nous asseyons là ; vous me dites : « Elias, il

« faut rentrer. » Je vous réponds : « Il faut « attendre ma mère ; » et en effet ma mère vient, elle sort de dessous la pierre, habillée de blanc ; elle n'est plus morte, elle vous embrasse au front en vous disant : « Ma fille, » et tous trois nous rentrons au château, elle grave et heureuse, vous rieuse et la tête appuyée sur mon épaule, tandis que l'on entend au lointain le bruit profond des haches attaquant le cœur des mélèzes mêlé au chant doux et sonore des bûcherons de ma forêt ! »

A ces dernières paroles, la voix d'Elias sembla elle-même une voix très-lointaine, une voix qui sortirait d'un lieu vaste et inconnu, et qui, après avoir traversé de grandes solitudes, arriverait enfin doucement exténuée.

« Voilà comment je vous aimais. Mais, maintenant, je vous aime bien plus encore. Que vous êtes belle, et si bonne, oh ! si bonne d'être venue ! Puis, vous ne savez pas, c'est à cause de vous que je meurs. Le docteur me l'a dit. Sans vous je ne serais pas mort. Merci. Vous êtes un ange. Je vais mourir. Si j'avais dû vivre, je ne vous aurais jamais parlé. Que vous êtes bonne de m'avoir fait mourir ! »

Mlle de Pœan se rappela qu'en effet, selon le docteur Delton, la maladie d'Elias avait été singulièrement aggravée par les angoisses d'un amour impossible. Déjà violemment émue par les discours du malade, elle ne put supporter la pensée qu'elle était la cause de cette mort affreuse, et, lentement, deux larmes lui tombèrent des yeux.

« Oh ! ne pleurez pas, mademoiselle ! est-ce que je vaux la peine que l'on pleure pour moi ? Vous avez pleuré ! je vous remercie. Je vous aime. Je suis heureux. »

Elias prit la main de Juliette et la baisa avec transport. Stupéfaite, la jeune fille cria, et la porte s'ouvrit, livrant passage au docteur Delton et à Mme de Pœan, qui se précipitèrent vers le lit où Elias, soit que la joie de ce seul baiser eût été trop forte pour sa sensibilité mourante, soit qu'il eût été désespéré par le geste d'effroi de Juliette, était en proie aux convulsions dernières.

« Que se passe-t-il ? s'écria Mme de Pœan en prenant sa fille dans ses bras.

— Ah ! ma mère, je crois qu'il va mourir.

— Oui, dit M. Delton, c'est fini.

— Ah ! docteur, qu'avez-vous fait ? » dit Mme de Pœan en montrant au médecin sa fille presque évanouie ; et, saisissant Juliette par les bras : « Viens, cria-t-elle, viens, mon enfant ! »

Le moribond, à ces mots, se dressa, étendit les mains vers la jeune fille, et, d'une voix grave, dit : « Juliette, restez ! »

La somme de volonté contenue dans ces deux paroles était si grande, que Mlle de Pœan, comme vaincue par une influence magnétique, se retourna vers le lit et répondit d'un ton très-humble : « Je reste, mon ami. »

Dans les courts instants de répit que laisse l'agonie, lorsque le chrétien entrevoit les splendeurs sacrées du paradis de sa foi, il n'a pas sur les lèvres un sourire plus extatique que le sourire d'Elias à cette réponse de Juliette. Il se laissa doucement retomber sur l'oreiller et tendit à Mlle de Pœan ses mains décharnées, où la jeune fille, qu'exaltaient la gravité et la solennité de la situation, ne craignit pas de mettre les siennes.

« Écoutez-moi, Juliette, » dit l'enfant d'une voix si basse que le docteur et Mme de Pœan, bien qu'éloignés de quelques pas à peine, ne purent rien entendre de ce dernier entretien ; « écoutez-moi : Vous voyez que je meurs ; par qui ? par vous. Au point où j'en suis, il n'y a plus d'enfant ; il n'y a plus de difformité ; dans une heure, je serai là où n'existent plus ni l'âge ni la forme. Ce qui me reste de la vie, mon âme, est si près d'être dégagée de sa vile enveloppe que déjà elle n'est plus que soi-même ; et cette âme, Juliette, a le droit de vous dire : « C'est par vous qu'avant l'heure « je m'exile ! Voulez-vous que je parte déses- « pérée et blasphémante et damnée pour l'é- « ternité ? »

Elias avait raison. L'horreur solennelle de la mort était sur lui ; l'égalité commençait ; et, mourant, il était homme. Mlle de Pœan, sans surprise, répondit :

« Que voulez-vous que je fasse, mon ami ?
— Je vous adore, Juliette ! et je suis ja-

loux. Jurez-moi de n'appartenir jamais à aucun homme. »

La jeune fille se recula vivement; elle crut qu'Elias avait le délire; elle voulut dégager ses mains; mais l'enfant les retint doucement et reprit d'une voix presque expirée :

« Ne me refusez pas ce serment, Juliette! N'aurais-je pas une seule joie en mourant, moi à qui, vivant, toutes les joies ont été inconnues? Faites-moi cette promesse, mademoiselle. Si terrible que soit le sacrifice, accomplissez-le. Dieu vous tiendra compte de cette charité. »

La voix d'Elias faiblissait de plus en plus. Bientôt, il cessa de s'exprimer par des sons intelligibles. Le râle rompait les mots. Mais tandis que l'agonie s'emparait de l'enfant pour ne plus l'abandonner, toute la puissance de volition dont il disposait encore, toute sa vie, dans un instant fugitive, s'était réfugiée dans ses yeux et dans ses mains Ses yeux et ses mains parlaient clairement à Juliette. Les mains disaient : « Consens, nous n'attendons qu'un mot, pour nous distendre et tomber mortes ! » les yeux disaient : « Jure! nous nous ferme-

rons sur un regard d'extase ! » Il y avait entre
le moribond et la jeune fille un lien si étroit
que, l'un l'autre, sans parole, ils se compre-
naient. C'était à la fois une fusion et une lutte.
Mais, dans cette lutte, la vivante se sentait fai-
blir. Vainement elle s'efforçait de réagir contre
la volonté d'Elias ; vainement elle se rappelait
son fiancé, leur amour, les espoirs et les rêves ;
elle prévoyait qu'il lui faudrait céder au désir
du mourant ; elle n'eut pas le loisir d'appeler à
son secours le docteur ou sa mère ; les regards
et les mains d'Elias la possédaient entièrement,
et c'était un moment funeste. Soudain les souffrances du malade parurent redoubler ; son râle
se fit plus profond, ses cheveux se dressèrent,
et sa bouche s'ouvrit, prête à jeter le cri su-
prême. Cependant la pression de sa main devenait de plus en plus violente, son regard
avait acquis une force plus qu'humaine, et Juliette vit Elias se soulever une dernière fois
pour retomber à jamais ; et, alors, subjuguée
par la main, vaincue par le regard, « Elias !
Elias ! cria-t-elle avant que la bouche du mourant se fût refermée sur le dernier soupir,

Elias, je vous le jure ! » L'expression d'un bonheur immense envahit la face d'Elias, et il se coucha mort.

En ce moment la porte s'ouvrit avec fracas; M. de Borg apparut, en costume de soirée.

« Comment va mon fils ? » demanda-t-il d'une voix convenablement émotionnée.

Sans répondre au comte de Borg, les trois personnes qui avaient assisté à la mort d'Elias se retirèrent gravement.

« Ah ! docteur, dit tout bas Juliette quand elle eut quitté la chambre lugubre, si vous saviez ce que j'ai juré !

— Mademoiselle, répondit le médecin, vous êtes un ange, mais...

— Mais ? demanda-t-elle.

— Mais vous êtes une enfant. »

Octobre 1866.

ANGÉLA-SIRÉNA

ANGÉLA-SIRÉNA

Il y a sept ans, la Chiaza, qui revenait de New-York, se fit entendre à Naples. Ce fut, je pense, dans *la Traviata.* La célèbre Vénitienne avait été devancée au théâtre Saint-Charles par sa renommée, déjà très-répandue ; mais son talent dépassa toutes les espérances, et le succès, par suite, toutes les prévisions. Au moment où, vers la fin du drame, la cantatrice jeta au plafond de la grande salle lumineuse ses trilles sanglotants et ses roulades désespérées, l'enthousiasme ne connut plus de limites. C'étaient parmi l'assemblée des cris de pâmoison extatiques ; les mouchoirs de dentelles s'agitaient sur le rebord écarlate des loges ; on applaudissait de l'éventail, qui s'effeuillait en paillettes ; les mains, tendues vers la rampe, portaient des gants déchirés sous la furie des bravos. Enfin *la Traviata* mourut. Alors on eût pensé qu'une rafale, tout à coup déchaînée dans un parterre énorme, enveloppait cette femme d'un nuage de roses. Le rideau tombé, on la rappela. Il n'y avait plus de bouquets à jeter, ce fut le tour des bijoux et des parures. Plus d'une grande dame détacha son collier de perles ou son bracelet d'améthyste. La scène ressemblait à une mosaïque de pierres précieuses. Chaque fois que la Vénitienne faisait un pas pour saluer de plus près le public, elle trébuchait contre quelque joyau, et parmi le satin blanc de sa robe on voyait des étincelles comme dans la jupe d'une femme qui marcherait sur du feu. La duchesse Formorani portait une broche merveilleuse ; c'était une abeille de rubis qui baisait des fleurs d'opale aux tiges de diamants. La broche s'abattit aux pieds de la prima-dona ; et quand elle traversa l'air avec sa queue de lueurs enflammées pour tomber à cette place rayonnante, on eût dit d'une étoile attirée par une constellation. La Chiaza demeurait calme ; sa belle poitrine ondulait sans excès ; il n'y avait pas un tressaillement dans l'arc de ses sourcils, très-vigoureusement tendu. Ses saluts, composés d'un mouvement de tête imperceptible et grave, ressemblaient aux saluts d'une reine les jours de baise-main. Les bijoux avaient cessé de tomber : il n'y en avait plus. La marquise de Brescia, qui occupait une avant-scène avec son familier le plus intime, le comte Démétrius de Seyssel, s'était dépouillée jusqu'à sa dernière bague. « J'ai tout donné ! » dit-elle. Cependant un stylet d'or, dont la poignée formait une croix surchargée de diamants, traversait de part en part son chignon de cheveux gris. « Ah ! cela encore. » Et la belle épingle étincela soudainement. Il y eut un grand cri dans la salle : le stylet avait effleuré l'épaule de la Vénitienne, et la blancheur de la peau s'étoila d'une goutte de sang ronde comme une larme, rose comme une églantine. Plus d'une femme crut s'évanouir. La Chiaza, sans trouble, ramassa la croix d'or et fit une révérence à la marquise de Brescia ;

puis elle sortit à reculons, les mains pleines de joyaux, les bras enlacés de parures; et la goutte de sang demeurée sur son épaule était un rubis de plus.

Mais le comte Démétrius de Seyssel n'avait point eu souci du spectacle : une belle jeune femme, triomphante dans sa loge, l'occupait sans trêve. D'abord il ne la vit que de profil : c'était une tête de statue animée par quelque soleil intérieur. Elle se tourna : ce fut un éblouissement. Le soleil apparaissait au fond de ses yeux; ils étaient noirs, profonds et sillonnés de flammes ténébreuses, comme le pourrait être une mer d'ébène liquide au dessous de laquelle s'agiterait l'enfer. Son regard prenait élan du fond de ce gouffre et jaillissait tout éclatant de lueurs farouches. On dit que les éclairs traversent les murailles les plus épaisses et qu'on les voit étinceler tout à coup dans les ombres les mieux défendues : ainsi de ce regard. Il franchissait les obstacles. Lorsque la marquise de Brescia se penchait pour applaudir la cantatrice, vainement sa tête se trouvait devant celle du comte; rien n'au-

rait pu le défendre contre la flèche de feu.
Mais une bouche d'enfant opposait la grâce
adorable des ingénus sourires à la fureur de
ce regard ; elle apparaissait de loin avec ses
belles lèvres sanglantes sur la paleur de la
peau ; et c'était comme des fleurs exotiques à
la couleur insolite, et sans doute, oh! sans
doute, à l'inconnu parfum.

Pendant les premiers actes, la belle personne n'avait point pris garde aux œillades du
comte Démétrius. Elle aussi, tout entière, elle
était à la Chiaza. Une fois elle s'en divertit;
c'est alors qu'il vit ses yeux. Il aurait pu demander son nom à la marquise; il le voulait,
il n'osa point. Le regard pesait sur lui, violent,
magnétique, et l'immobilisant par sa fixité ; car
elle n'avait point détourné la tête comme en
usent les femmes dévisagées ; elle oubliait la
Chiaza pour le comte de Seyssel. Si c'était bien
lui qu'elle observait, il n'en pouvait douter :
elle prit une lorgnette pour mieux voir. « Je
rêve, » pensa-t-il. Le bouquet de la marquise
était devant lui. D'un mouvement rapide, il
saisit une rose et la baisa. La lorgnette de-

meurait braquée de son côté, sans cesse. Il effeuilla la rose avec lenteur; la bouche aux lèvres sanglantes eut un divin sourire. Elle frôlait les plumes blanches d'un éventail, et tandis que les ruines de la fleur voletaient au hasard, les brins de plume s'échappaient un à un de la bouche adorable. L'un d'eux rencontra dans son vol une feuille égarée, et le comte vit s'unir en un baiser nuageux la feuille de rose et le duvet de cygne.

Le rideau était retombé.

« Comte, dit la marquise, il faut aller auprès de la Chiaza. Elle est gravement blessée. Seigneur Jésus! voilà un grand malheur. »

Démétrius avait à peine remarqué l'événement dont il s'agissait.

« Ah! oui, répondit-il, je me souviens. Une épingle, n'est-ce pas ?

— Dites un poignard, mon enfant. Mais allez vite! je meurs d'inquiétude. »

Le comte de Seyssel ne se retira point sans jeter un coup d'œil dans la salle.

« Ah! bien! dit la marquise, vous voilà amoureux de la duchesse Formosani. Mais dépêchez vous donc ! Si vous rapportez de bonnes nouvelles, je vous présenterai. »

La marquise de Brescia était une adorable vieille, délicate et mignonne, qui avait conservé des mains émerveillantes et dont les petits yeux ronds et clairs, mobiles à l'excès, semblaient des yeux d'enfant espiègle. D'ailleurs, soixante ans à peine, les mouvements alertes et la parole fringante d'une jeune femme. Elle avait vu beaucoup de choses et n'avait rien oublié. Quatre ou cinq cours d'Europe lui étaient parfaitement connues ; elle racontait volontiers les galanteries scandaleuses d'il y a trente ans, et, médiocrement bégueule, elle ne cachait point le rôle qu'elle y avait joué. Ses épaules étaient admirablement blanches. Elle avait de l'esprit comme un diable. « Ah ! si je n'avais pas mon âge ! » disait milord Marlowe. Puis, dans les moindres gestes, dans les entretiens les plus indifférents, elle montrait ce dandysme sans outrance qui fait reconnaître la grande dame au son furtif d'une parole, au mouvement léger d'un doigt.

Pour attendre le ballet qui devait terminer le spectacle, la marquise s'était réfugiée dans le boudoir attenant à sa loge. Des tentures de soie caressaient le tapis comme le dernier volant d'une robe. Il y avait des fleurs écarlates, chaque soir renouvelées, dans des jardinières en bois d'ébène incrusté d'étain. La marquise tenait cour dans ce boudoir. Les courtisans s'empressèrent comme de coutume. Sur une table ronde faite d'une mosaïque d'Herculanum, un laquais déposa des sorbets qui ressemblaient à des flocons de neige.

« Angéla-Siréna, dit la marquise, venez vous asseoir près de moi, il faut que je vous annonce une chose.

— Comme vous voilà sérieuse ! répondit la duchesse Formosani. C'est un malheur ?

— C'est un mystère. »

Les deux femmes caquetèrent à voix basse dans le fond du boudoir ; puis la duchesse revint du côté de la table et commença de boire un sorbet.

« Elle chante vraiment bien, la Chiaza, » dit-elle.

Milord Marlowe, qui devait quitter Naples le lendemain, s'approcha de la marquise pour prendre congé d'elle. Mais le chevalier Rangone et d'autres s'éparpillèrent autour d'Angéla-Siréna, dont les dents étincelaient plus blanches que la neige du sorbet, tandis que sa fine langue rose pourléchait doucement le fond d'une cuillère de vermeil. C'est alors que rentra le comte de Seyssel.

« Eh bien ? » fit la marquise.

Démétrius ne répondit point.

« Comte, reprit-elle, impatiente, je vous demande des nouvelles de la Chiaza.

— Ah ! oui, dit-il, la signora Chiaza ; elle se porte à merveille. J'ai eu l'honneur de lui donner la main jusqu'à sa chaise de poste. Elle part ce soir pour Rome et dans trois jours pour l'Angleterre. »

Il y eut un horrible désappointement.

« Jésus ! s'écria la marquise, c'est impossible. » Et le chevalier Rangone jura que le comte se moquait.

Mais le comte ne s'inquiétait guère de ce qu'on disait autour de lui ; meurtri du regard d'Angéla-Siréna, il se tenait debout devant elle, délicieusement extasié. Cependant le rideau était levé ; les visiteurs se retirèrent, désespérés encore du brusque départ de la prima-donna. La duchesse resta, donnant pour raison qu'elle n'aimait point les ballets.

« Mon cher Démétrius, dit la marquise en regagnant sa loge, vous m'avez apporté une mauvaise nouvelle, je ne vous présenterai pas. »

Angéla-Siréna n'avait point achevé de boire son sorbet ; elle le tourmentait du bout de la cuillère avec des airs très-sérieux. Le comte s'assit en face d'elle. Il la regardait, sans parler. Elle était vêtue d'une robe de soie blanche. Démétrius reconnut que le blanc est la plus belle des couleurs. Cette robe découvrait follement les épaules de la duchesse. « Si jamais elle m'aime, pensa-t-il, on ne la verra point décolletée de cette sorte. » La coiffure était hardie : c'étaient de courts bandeaux qui s'ébouriffaient avec extravagance. La duchesse avait les cheveux noirs ; une rose blanche éclatait dans son chignon. Puis il considéra son oreille, petite et rose et compliquée comme un œillet nouvellement éclos. « Voilà une oreille charmante, » se dit-il. Longuement il admira les mains ; et, lorsqu'il vit le pied, ce fut un ravissement sans pareil ; il aurait voulu dormir et rêver que ce talon de satin blanc lui meurtrissait la poitrine. D'ailleurs il ne parlait point, et la jeune femme, impatientée, lui éclata de rire au nez.

« C'est vous, monsieur, dit-elle, qui êtes amoureux de moi ? »

Une petite moue accompagna cette phrase, qui semblait une témérité d'Agnès plutôt qu'une rouerie de Célimène. Le comte de Seyssel, sans hésiter, répondit gravement : « Oui, madame. » Alors les yeux de la duchesse flamboyèrent, et leur expression soudaine contrasta singulièrement avec l'ingénuité de son sourire.

« Voilà qui est bien, dit-elle en retirant de son chignon la rose qui le décorait. Depuis quand m'aimez-vous ?

— Oh ! depuis longtemps.

— Précisez, je vous prie.

— Depuis une heure, madame. »

Elle fit entendre un rire sonore comme un bruit de grelots d'argent.

« J'y songe, reprit-elle, la marquise ne m'a point dit qui vous êtes.

— Madame, dit cérémonieusement Démétrius, j'ai l'honneur de vous présenter le comte de Seyssel.

— Monsieur le comte, je suis heureuse de faire votre connaissance, et vous serez mon ami. »

La duchesse, ayant arraché quatre feuilles de rose, les aligna très-régulièrement sur la table de mosaïque.

« Allez me cueillir, dit-elle, une fleur rouge à cette jardinière. »

Démétrius cueillit un œillet sanglant.

« Il est très-beau, fit Angéla. Maintenant dites-moi pourquoi vous m'aimez.

— Madame, répondit le comte, quelques femmes pourraient voir de l'impertinence dans ma franchise : je vous aime parce que vous êtes belle.

— Je n'y vois que de la galanterie; mais c'est

peut-être que je ne vous comprends pas, dit la duchesse avec résignation.

— Certains, reprit Démétrius, vous auraient parlé d'une sympathie subite, irrésistible.

— Je les aurais compris, du moins. L'amour ne peut donc naître que de la beauté?

— A mon avis, madame.

— Espérez-vous être aimé ?

— Je l'espère.

— C'est donc que vous êtes fat, monsieur le comte. »

Démétrius se mordit les lèvres. La duchesse le regardait malicieusement. Elle avait étendu quatre feuilles d'œillet rouge, avec exactitude, au dessous des quatre feuilles de rose.

« Comte, reprit-elle, c'est un jeu que jai imaginé; soufflez, je vous prie. »

Démétrius, en souriant, souffla.

« Très-bien, dit la duchesse, vous avez perdu. »

Des applaudissements éclatèrent dans la salle : le ballet était fini. Les tentures qui séparaient le boudoir de la loge s'agitèrent doucement. « Au revoir ! » s'écria la duchesse;

et, comme si elle avait eu peur d'être surprise, elle ouvrit la porte et s'enfuit brusquement. Alors les rideaux se soulevèrent ; la marquise rentra.

« Mon cher enfant, dit-elle en jetant une pelisse d'hermine sur ses épaules, donnez-moi le bras jusqu'à ma voiture. Que pensez-vous de la duchesse Formosani ?

— Rien encore. Qu'en sait-on ?

— Qu'elle est veuve depuis un an et qu'elle habite Naples depuis un mois ; mais j'ai connu son père ; elle est de bonne maison.

— C'est une personne bizarre, fit le comte pour ne rien dire.

— Oui, il y a deux femmes en elle. Vous avez remarqué son sourire ? C'est celui d'un enfant. Son regard a une expression tout à fait différente. Angéla-Siréna ! son nom même est à double face. »

Un laquais avait fait avancer la voiture.

« A bientôt, mon cher comte, dit l'experte marquise, défiez-vous de la duchesse Formosani. »

La nuit était claire et fourmillante d'astres.

Démétrius, qui habitait un faubourg de Naples, s'en alla vers la jetée, et, le long de la mer si harmonieusement murmurante, il fit route à pas lents. Les vagues se déroulaient sur le sable en belles nappes de mousse ; plus d'une, éventrée par quelque roche, enveloppait d'un nuage de rosée les aubépins qui décorent l'autre bord de la route. Les bonnes senteurs marines se mariaient dans l'air aux parfums des floraisons sauvages. Une grave musique montait de la Méditerranée, et la plainte élégiaque du souffle dans les branches se répandait parmi cette musique comme, dans un concert de cuivres retentissants, le dernier son d'une flûte pâmée. Le comte marchait, tête nue, aspirant les brises et recevant sur ses cheveux l'âcre fraîcheur des gouttelettes amères. C'était un gentilhomme créole, méditatif comme un poëte, indolent comme une belle femme ; un peu farouche, il se plaisait à vivre dans la familiarité de la mer et des étoiles ; mais ce soir, tressaillant encore de sa rencontre avec la duchesse Formosani, il côtoyait, attendri, l'onde mélodieuse qui obéit sans trêve aux rhythmes argentins de la lune, et revoyait toujours parmi les ténèbres blanches le sourire virginal d'Angéla-Siréna.

Quand il fut rentré chez lui, un domestique nègre l'avertit que la table était dressée.

« Élie, dit le comte, mange mon souper si tu veux, et va te coucher en paix. »

Il gagna le jardin, qui s'étendait jusqu'à la mer. Des arbustes feuillus, étoilés de fruits d'or, escaladaient les murailles; parfois une lueur s'échappait d'entre les branches : c'était un citron qui tombait dans l'herbe; et, sous les ombelles des chèvrefeuilles, le bourdonnement des insectes semblait le ronflement d'une cornemuse, tandis que le choc du flot contre un escalier de pierre rendait le son furtif et clair d'une cymbale d'argent. Démétrius ne suivit point les allées; il marchait au hasard, affolé d'un rêve, et brisant du talon les plates-bandes en fleurs.

Un bruit lourd, le bruit d'une chute, troubla sa songerie.

« Hein! qui va là? » dit-il.

Par la nuit claire, un homme s'avança. Son costume avait l'air d'un habit de théâtre : tout d'abord, à la coiffe empanachée, à la longue rapière traînarde qui rétrousse le pan du manteau, il était aisé de reconnaître un spadassin de la vieille comédie italienne. Ses éperons luisaient dans le sable ; mais par les déchirures de ses vêtements, on apercevait la veste blanche du polichinelle forain.

« Que voulez-vous ? demanda le comte,

— Ah ! monseigneur, répondit l'homme dans le doux parler des bords de l'Adriatique, il est plus malaisé d'entrer chez vous qu'en paradis. On rencontre des grilles discourtoises qui trouent les culottes et déchirent les jarrets ; quant aux murs, ils sont d'une hauteur tout à fait intolérable.

— Vous êtes un voleur, paraît-il ? fit Démétrius en avançant d'un pas.

— Plût à Dieu ! reprit l'homme avec mélancolie, mais il n'en est rien. Le misérable état de mon costume témoigne de l'honnêteté de ma profession. »

En parlant de la sorte, il faisait remarquer au comte son haut-de-chausses en ruine et le panache de sa coiffure, semblable à un pigeon déplumé.

« Vous demandez l'aumône, en ce cas?

— Je la fais, monseigneur!

— Trêve de sottises, dit le comte ; escalade ce mur et retourne-t'en comme tu es venu.

— Votre Excellence n'aime point à rire? Parlons sérieusement. Je viens de la part d'une femme, d'une belle femme, par saint Marc! et j'ai promis de vous conduire vers elle.

— Tu es fou! s'écria Démétrius, en riant cette fois.

— Comme Salomon. Est-ce que Monseigneur ne croit pas aux bonnes fortunes? Ah! ce serait étrange! »

Ces derniers mots furent dits très-galamment.

« Le nom de cette femme?

— Je l'ignore. D'ailleurs, j'ai la discrétion d'un cimetière, d'une tombe ne serait pas assez dire, eu égard au grand nombre de secrets que je renferme. Mais, sachez-le, c'est une illustre dame! et qui se meurt d'amour, bien qu'elle vous ait vu un seul instant, ce soir.

— Ce soir? répéta le comte avec une émotion qui le fit bégayer.

— Monseigneur, dit l'homme, faut-il que j'escalade ce mur et que je m'en retourne comme je suis venu?

— Non, attends, » fit le comte.

Un vague espoir mêlé d'angoisses lui traversait l'âme ; mais, fermant les yeux, il entrevit dans l'ombre les lèvres angéliques de la duchesse. « C'est impossible ! » songea-t-il.

« Votre Excellence se résout-elle à me suivre? » demanda l'intermédiaire. Démétrius consentit d'un signe. « Puisqu'il en est ainsi, reprit l'autre, j'aurai l'honneur de lui montrer le chemin. »

L'homme descendit vers la mer. Une barque était amarrée dans une crique, sous un arbre. La charmante gondole ! Une petite sirène d'albâtre surmontait la proue, et sous les paupières de la statuette, deux joyaux noirs étincelaient comme des yeux cruels, cependant qu'à la poupe un ange de métal poli se dressait vers le ciel avec un sourire de nouveau-né. Démétrius ne remarqua point cet ange ni cette sirène. Un matelot tenait les rames, et vers le milieu de l'embarcation resplendissait dans la nuit une tente carrée de velours grenat chamarré d'or, qu'on eût prise pour un palanquin.

« Monseigneur, dit le guide en soulevant les rideaux, vous entrerez là-dedans, s'il vous plaît. »

Dès que le comte fut entré, les rideaux retombèrent. On entendit le clapotement de l'eau sous le premier effort des rames ; le voyage commença.

« Holà ! cria Démétrius, qui avait essayé de repousser les tentures afin d'observer la direction que suivait la gondole ; holà ! je suis enfermé.

— Il est vrai, monseigneur, répondit doucereusement l'émissaire ; mais ne vous inquiétez pas, c'est une simple précaution. »

Après ces mots, le comte prêta l'oreille ; il n'entendit que les mélodies nocturnes de la mer et du ciel. Le flot battait l'esquif ; il y avait des frissons de brise qui chantaient dans les plis des tentures comme dans des tuyaux d'orgues ; les bruits du rivage n'étaient plus, car la barque s'éloignait, suivant un rhythme rapide et silencieux.

Au dehors, les blanches étoiles se reflétaient dans le golfe ; la mer avait l'azur du ciel, le ciel avait la profondeur de la mer ; les rayons de lune baisaient langoureusement la surface métallique des flots. Quelques voiles au loin, blanches et vagues, près du bord ; et, plus lointaine, pâle et confondue dans les pâleurs de la nuit, s'étageait en amphithéâtre la ville aux maisons endormies, à ce point défigurée par la distance et l'ombre qu'on eût dit d'un troupeau gravissant une colline. Mais le Vésuve se dressait dans les ténèbres. C'était au temps d'une éruption, quoique sans périls, incessante et belle. La grande flamme éblouissante montait en ligne droite par la nuit sans rafales, et, dans le golfe, le reflet prolongé de cette colonne rouge élevée vers le ciel apparaissait comme une route formidable ouverte vers l'enfer. Puis, avec ses mille étincelles tour à tour écarlates et blanches, il imitait aussi, dans ce gouffre pareil au firmament, quelque voie lactée fabuleuse, où le sang d'une divinité infernale se serait confondu avec le lait de la grande Immortelle.

Cependant la nuit s'écoula rapide comme toutes les nuits d'Italie, qui sont des nuits d'été. Plus d'une étoile avait pâli; la brise marine apportait des clartés en même temps que des parfums; des lueurs blanches scintillaient dans la mousse des vagues comme parmi l'écume d'un cheval qui aurait un mors d'argent; l'Orient se couvrait de rougeurs; la lune mourut. Au pied du Vésuve, sur le seuil des chaumières, les pêcheurs de corail se rassemblaient en tumulte; le tressaillement des voiles dans le port bruissait parmi la pénombre agitée d'ondes lumineuses. Plus d'étoile; une seule, expirante, au loin, dans l'Occident, et soudain, trouant l'horizon comme une grenade son écorce, éclata le triomphe de l'aurore.

A ce moment, une fumée grise tourbillonna vers le ciel; un paquebot américain venait d'entrer dans le golfe. Les passagers, réunis sur le pont, s'ébahissaient de Naples et du Vésuve; un seul dormait encore, là-bas, dans sa cabine.

« Signor, dit un matelot qui faisait la ronde, il faut aller voir le point du jour dans le golfe.

— Mon ami, je suis venu à Naples, répondit le passager, pour entendre la Chiaza, après avoir déjeuné avec mon ami le comte Démétrius de Seyssel, et non pour voir se lever le soleil. »

Le matelot s'en retourna et dit aux gens de bord : « Il y a là-bas un Français qui est fou. »

Le Français, demeuré seul, se vêtit à la hâte, quoique avec beaucoup de soin. Il avait déployé une trousse de cuir qui contenait les plus délicats objets de toilette. Les femmes ne devaient point avoir coutume de dédaigner ce jeune homme aux fines allures, dont la moustache se retroussait avec la plus galante impertinence. « Ah! dit-il en se considérant dans un miroir de poche, les voyages n'embellissent point. » Ceci n'était qu'un mot plaisant; sa fatuité n'allait pas au delà d'un dandysme agréable. Il monta sur le pont; on rendait les passeports; « Horace de Naër! » dit une voix; il se fit reconnaître. Les gens de la douane voulurent l'inquiéter; son domestique avait les clefs des coffres. Enfin, parcourant de l'œil les barques attroupées au bas d'une échelle incertaine, il avertit d'un geste quelque batelier aux aguets, et, lestement descendu, sautant de poupe en proue, « Partons ! » dit-il en allumant un cigare.

Horace de Naër n'eut qu'un instant le projet d'aborder, malgré l'heure indue, à la villa du comte de Seyssel ; décemment, on ne peut faire visite avant le plein jour. Il se fit conduire à Naples pour tuer le temps. Mais, cinq ou six heures plus tard, il déjeunait avec Démétrius dans une grande salle décorée de belles peintures.

« Ah ! couleuvre ! ah ! démon ! s'écriait-il d'un ton plaisamment excessif, depuis un an, sans trêve, je la poursuis ; depuis un an elle m'échappe. Elle est à Vienne, j'arrive : elle venait de partir pour Saint-Pétersbourg. Je ne me décourage point; me voilà en Russie; peine inutile ! on la croit à New-York. Je débarque en Amérique, elle était en route pour Naples ; je suis à Naples, elle est à Londres. Ah ! mon cher Démétrius, voilà une aventure infernale.

— Cher fou, dit le comte, vous êtes donc épris de la Chiaza?

— C'est seulement lorsqu'on n'aime plus qu'on peut savoir si l'on a aimé, répondit sentencieusement Horace de Naër.

— Irez-vous à Londres?

— Point du tout. Je renonce. Je m'installe chez vous. Il se peut que je la rencontre sans la chercher, moi qui ai fait le tour du monde sans la trouver. Ah! c'est une adorable personne! Autrefois, à Bruxelles, elle m'aimait. Un soir, après la *Norma,* elle se fit enlever. Je ne sais qui l'enleva, elle a une tête fantasque. D'ailleurs, voici du lacryma-christi qui me consolerait de ma propre mort.

— Je le fais venir de France, dit le comte.

— Il est sans pareil. Mais parlons de vous, mon hôte! Je gage que vous n'avez jamais eu de chance lugubre à l'égale de la mienne.

— Je suis amoureux, répondit Démétrius.

— J'ai perdu. Grièvement?

— Je le crois.

— Et vous êtes heureux?

— Je ne sais.

— Vous n'en êtes pas sûr? dit Horace en riant.

— Non. C'est une histoire merveilleuse. Je pourrais vous la raconter; j'aime mieux vous la lire. Élie, continua le comte, donnez-moi ce livre qui est là, dans cette coupe.

— Quoi! vous tenez registre de vos bonnes fortunes? »

Le noir remit à son maître un volume à tranches dorées, relié de maroquin rouge.

« Qu'est-ce? fit Horace.

— Les *Vies des dames galantes*, par le seigneur de Brantôme. Je commence à la page 193 de l'édition originale. « J'en ay ouy conter d'un autre du temps du roy François, de ce beau escuyer Gruffy, qui estoit un escuyer de l'escurie dudit roy, et mourut à Naples, au voyage de Rio de l'Autrec, et d'une très-grande dame de la cour, dont en devint très-amoureux : aussi estoi. il très-beau, et ne l'appeloit-on ordinairement que le beau Gruffy, dont j'en ay veu le pourtrait qui le monstre tel. Elle attira un jour un sien vallet de chambre en qui elle se fioit, pourtant incongneu et non veu, en sa chambre, qui luy vint dire un jour, luy bien habillé, qu'il sentoit son gentilhomme, qu'une très-honneste et belle dame se recommandoit à lui, et qu'elle en estoit si amoureuse qu'elle en désiroit fort l'accointance plus que d'homme de la cour, mais par tel si, qu'elle ne vouloit, pour tout le bien du monde, qu'il ne la vist, ni la connust; mais qu'à l'heure du coucher, et qu'un chacun de la cour seroit retiré, il le viendroit quérir et prendre en un certain lieu qu'il lui diroit, et de là il le meneroit coucher avec cette dame; mais par tel pache aussi qu'il lui vouloit boûcher les yeux avec un beau mouchoir blanc, comme un trompette qu'on meine en ville ennemie, afin qu'il ne peust voir ny reconnoistre le lieu ni la chambre là où il le meneroit, et le tiendroit toujours par la main afin d'en defaire ledit mouchoir. » « Brantôme, dit le comte, estime que c'était là « une plaisante assignation et composée d'une plaisante condition. » Je saute quelques lignes étrangères au sujet. « Il se résolut de tenter la risque, et que pour l'amour d'une grande qu'il présumoit

bien estre, il ne faloit rien craindre et appréhender. Pourquoy le lendemain que le roy, la reyne, les dames, et tous et toutes de la cour se furent retirés pour se coucher, ne faillit de se trouver au lieu que le messager lui avoit assigné, qui ne faillit aussitôt l'y venir trouver avec un second, pour lui aider à faire le guet si l'autre n'estoit point suivy de page ny de laquais, ny vallet, ny gentilhomme. Aussi-tost qu'il le vit, luy dit seulement : « Allons, mon-
« sieur, madame vous attend. » Soudain il le banda et le mena par lieux obscurs, étroits, et traverses inconnues, de telle façon que l'autre luy dit franchement qu'il ne sçavoit là où il le menoit; puis il entra dans la chambre de la dame, qui estoit si sombre et si obscure, qu'il ne pouvoit rien voir ni connoistre, non plus que dans un four. Bien la trouva-t-il, sentant à bon, et très-bien parfumée, qui luy fit espérer quelque chose de bon; par quoi le fit déshabiller aussitôst, et luy-même le déshabilla, et après le mena par la main, lui ayant osté le mouchoir, au lit de la dame, qui l'attendoit en bonne devotion; et se mit auprès d'elle à la

taster, l'embrasser, la caresser, où il ne trouva rien que très-bon et exquis, tant à sa peau qu'à son linge et lit très-superbe qu'il tastonnoit avec les mains; et aussi passa joyeusement la nuict avec cette belle dame, que j'ay bien ouy nommer. Pour fin, tout luy contentoit en toute façon et connust bien qu'il estoit très-bien hébergé pour cette nuit, mais rien luy faschoit, disoit-il, si-non que jamais il n'en sceut tirer aucune parole. Elle n'avoit garde, car il parloit assez souvent à elle le jour comme aux autres dames, et, pour ce, l'eust cogneue aussitôt. De follastreries, de mignardises, de caresses, d'attouchements, et de toute autre sorte de demonstration d'amour et paillardises, elle n'y espargnoit aucune; tant y a qu'il se trouva bien. Le lendemain, à la point du jour, le messager ne faillit le venir esveiller, et le lever et habiller, le bander et le retourner au lieu où il l'avoit pris, et recommander à Dieu jusques au retour, qui seroit bien tost; et ce ne fust sans luy demander s'il luy avoit menty, et s'il se trouvoit bien de l'avoir crû, et ce qu'il lui en sembloit de lui avoir servi de fourrier, et s'il lui avoit donné bon logement. Le beau Gruffy, après l'avoir remercié cent fois, luy dit adieu, et qu'il seroit toujours prest de retourner pour si bon marché et revoler quand il vouldroit. »

Le comte ferma le volume.

« Voilà mon histoire à quelques détails près, dit-il.

— Elle est admirable ! s'écria de Naër. L'homme reviendra-t-il ?

— Tous les soirs, à minuit.

— Ah ! mon hôte, vous êtes un heureux galant ! » Et, surexcité par la bonne boisson, Horace fit à ce propos d'agréables plaisanteries.

Démétrius feignit de sourire ; il n'entendait pas. Cette lecture lui avait remis en mémoire, jusque dans les moindres détails, son aventure de la nuit : le départ dans l'ombre, la longue traversée et l'abordage silencieux. Il se rappelait l'escalier de marbre sonore sous le pas, le boudoir inconnu plein de senteurs alléchantes, puis l'apparition ténébreuse d'une femme. Ce n'était point l'orgueil de la bonne fortune ni même le souvenir des ravissements enveloppés de mystère qui l'occupaient de la sorte et s'imposaient à son esprit sans relâche ; volontiers il eût attribué l'incident à la fantaisie de quelque femme éprise de romans, et ne s'en serait pas occupé davantage ; mais il songeait à la duchesse Formosani. De la tête aux pieds il avait tressailli lorsque le fantôme amoureux s'était approché de lui ; il avait tressailli de la sorte devant la jeune femme, la veille, au théâtre Saint-Charles. La commotion reçue au premier baiser de l'anonyme, il l'avait pressentie à cet instant où, parsemés dans l'air, s'étaient rencontrés et unis le duvet de cygne et la feuille de rose. Toutes les grâces entrevues pendant la soirée précédente, tous les trésors devinés, toutes les délices supposées par le désir et affirmées par le rêve, tout ce que devait contenir de joie et d'angoisse, de bercements et de vertiges, l'amour d'Angéla-Siréna, il l'avait goûté, possédé, admiré, subi. Après le spectacle, le long de la mer, sous les étoiles, il avait plus d'une fois étreint quelque nue imaginaire, plus d'une fois savouré les lèvres de la duchesse dans les parfums du souffle ; et voici qu'il avait retrouvé sans mélange, sans désillusion, la saveur même de son rêve dans une réalité nocturne et mystérieuse comme le rêve. L'heureux homme ! son cœur palpitait, semblable à une aile ivre de ciel ; de chaudes bouffées de joie lui montaient à la gorge : il était l'amant de la duchesse Formosani. Mais parmi cette joie tombait une goutte d'amertume, bientôt envahissante. Il aimait Angéla-Siréna, non point d'un amour instable, soumis aux variations du caprice, mais d'une de ces tendresses insurmontables et graves, sans cesse grossissantes, qui soudain comblent l'âme, ainsi que la mer, pénétrant tout à coup dans quelque abîme, le remplit jusqu'au bord d'une onde à la calme surface, à la belle profondeur. Et maintenant, la duchesse lui apparaissait singulièrement déchue. Cette pensée faisait le désespoir de sa joie et la défaite de sa victoire. Il ne répondait pas aux paroles enjouées de son hôte ; il regretta de s'être confié. Il ne pouvait se dissimuler qu'Horace traitait la chose comme il convenait, et que tout autre aurait parlé comme lui. Par instants, il souhaitait qu'Angéla-Siréna ne fût point l'héroïne de l'excentrique nuitée ; au prix de sa vanité sacrifiée et de son bonheur disparu, il souhaitait cela. Il en vint à discuter ses soupçons. La duchesse, sans doute, pouvait s'être prise d'un léger goût pour lui ; fallait-il en conclure qu'elle n'avait reculé ni devant le péril certain, ni devant le scandale possible? Son rang, son âge (l'âge d'une jeune fille), protestaient contre une pareille supposition. D'ailleurs, aucun indice réel ; la chambre était obscure ; pas une parole. Il avait reconnu la grande dame à la finesse des parfums, à l'élégance des tissus. Il y avait à Naples d'autres grandes dames que la duchesse. « Allons, ce n'était pas elle, » dit à part lui le comte. Mais la conviction contraire ne tarda point à renaître, et avec elle revinrent l'orgueil et le désespoir du triomphe.

Horace de Naër, las de son voyage, était allé dormir dans un hamac, sous les arbres. Démétrius ordonna d'atteler, et se fit conduire à Naples, au palais Formosani.

Angéla-Siréna était seule dans un grand

salon magnifiquement décoré. Elle portait une robe de velours aux longs plis amples, décolletée comme une robe de bal. Petite et mignonne, elle disparaissait presque entièrement dans cette vaste toilette; les perles de la coiffure neigeaient dans ses cheveux.

« Eh quoi! déjà? fit-elle étourdiment.

— Ah! madame, répondit le comte, les heures m'ont paru bien longues depuis.... »

Démétrius affecta de s'interrompre.

« Depuis? répéta la duchesse.

— Depuis hier, madame. »

Cette parole et le regard qui l'accompagnait ne produisirent aucune impression sur Angéla; pas un tressaillement, nul trouble, aucun signe d'inquiétude.

« Ah! oui, depuis hier, » reprit-elle.

Il n'y avait rien de perceptible dans l'intonation de sa voix, sinon la surprise d'entendre une niaiserie sortir de la bouche du comte de Seyssel, qui avait un renom d'homme d'esprit.

Une causerie s'engagea. La duchesse était gaie. Elle ne dédaignait pas les anecdotes plaisantes. Elle riait volontiers de son rire argentin. Elle avait des turbulences de petite fille. Elle ne pouvait tenir en place sur le fauteuil très-bas, blotti dans un coin du salon, où elle se pelotonnait comme une chatte frileuse. Démétrius remarquait un à un ces détails. On parla du théâtre et du monde. A propos d'une vieille coquette, la duchesse eut un mot très-espiègle ; puis le comte ayant fait une allusion à ses voyages, elle voulut qu'il les racontât ; et je ne sais comment il s'y prit pour rappeler, comme par mégarde, la mort du duc Formosani.

« On vous a dit que je suis veuve ? Ah ! les méchantes personnes !

— Ce n'est pas vrai ? demanda le comte avec une sorte d'effroi.

— Eh ! oui, c'est vrai. Je suis bien obligée de l'avouer, puisqu'on le sait ; mais je n'aurais point voulu qu'on en parlât. Le duc voyage, disais-je, il est allé très-loin, il reviendra peut-être. C'était tout simple. Vous ne savez pas combien il est ennuyeux d'être veuve. Depuis un mois que j'habite Naples, on m'a demandé ma main quatre ou cinq fois déjà ; c'est insupportable. Ah! mon Dieu, continua la duchesse, j'y songe, est-ce que vous allez m'épouser, vous aussi? »

Démétrius l'écoutait comme on fait d'une musique ; une cascatelle de neige fondante n'a pas le timbre aussi frais ni aussi plaisant.

« Vous ne voulez donc pas vous marier, madame?

— Je ne sais, répondit-elle ; ce n'est point le mariage qui m'effraye ; c'est la demande en mariage. »

Les indécisions du comte redoublèrent ; il ne pouvait attribuer l'abominable audace d'une coquette à cette jeune femme si semblable à une jeune fille. « Elle n'aurait point osé, » songeait-il. Il songeait aussi que ce serait dommage qu'elle n'eût point osé.

« C'est la marquise qui vous a parlé de moi? reprit Angéla-Siréna. Vilaine marquise! Que vous a-t-elle raconté de plus?

— Rien, madame, sinon que j'eusse à me défier de vous.

— Elle a eu raison, je suis très-méchante. »

La conversation languissait un peu ; Démétrius ne parlait guère, observant, essayant de saisir quelque indice révélateur dans un geste ou dans une parole d'Angéla. Elle ne se trahissait point. « Ce n'est pas elle, » pensa-t-il. Il ajouta : « Tant mieux. » Son cœur était prêt à se déchirer.

« Mais, cher comte, fit tout à coup la duchesse, voilà une heure que vous êtes ici, et vous ne m'avez pas encore parlé de votre amour. Faites vite. Entendre parler d'amour, c'est comme si on lisait un roman. »

Démétrius prit la main de la duchesse et la baisa.

« Monsieur, dit-elle en la retirant sans brusquerie, pourquoi avez-vous baisé ma main ? »

Il n'y avait apparence ni de colère ni de pudeur effrayée dans son geste ; elle s'étonnait seulement de ce qu'il avait fait. Le comte ne sut que répondre ; c'était une innocence tout à fait déconcertante. En se penchant vers la duchesse, il avait remarqué sur son épaule droite un signe à peine perceptible à la vue, mais qui pouvait être sensible au toucher. Il s'excusa comme il put, et les discours usités entre gens du monde continuèrent sans incident jusqu'au terme de la visite.

Le comte, en se retirant, n'hésitait point : la duchesse était parfaitement étrangère à son aventure de la veille ; il fallait, en vérité, qu'il eût perdu le sens pour avoir imaginé une énormité semblable. Hélas ! il n'y avait d'autre liens entre la jeune femme et lui que ceux d'une familiarité récente encore entachée d'étiquette ; et ce n'était pas vrai qu'il eût baisé son front et baisé ses yeux (ses yeux si beaux !) pendant la romanesque entrevue. Mais, tandis qu'il s'éloignait du palais Formosani, il sentait s'ébranler sa conviction nouvelle. Lorsque le dernier écho de la voix charmeresse eut expiré dans son oreille, et que ses yeux, parmi les éblouissements enfin dissipés de l'extase, cescèrent de voir le doux profil d'Angéla-Siréna, le soupçon tenace envahit de nouveau sa pensée, et alors il détestait violemment la perversité de la duchesse.

C'était l'heure où il avait coutume d'être reçu par la marquise de Brescia. Il résolut de l'interroger, sans l'instruire de son aventure. La vieille femme l'accueillit gracieusement. Elle regretta de ne pouvoir rien lui apprendre ; elle ne savait rien ; la duchesse était très-belle et très-riche, on ne devait point en demander davantage Pourquoi s'inquiétait-il de ce qui ne le regardait pas? Si elle avait eu des amants, personne ne le disait ; selon les apparences, elle n'avait pas eu le temps. Mariée à dix-sept ans, veuve à dix-huit. Le duc avait été son père. Démétrius s'était mépris aux paroles de la marquise ; la marquise n'avait pas voulu dire qu'Angéla-Siréna fût une femme dangereuse et capable de briser volontairement le cœur d'un honnête homme ; elle avait de la duchesse une excellente opinion ; la duchesse ferait le bonheur de son mari.

Démétrius, l'âme éperdue, rentra chez lui. Son hôte venait de s'éveiller. Pendant le dîner il y eut de nouvelles confidences. « Voilà qui est grave, » dit Horace. Le temps s'écoula très-lentement. La gondole n'arriverait pas avant minuit. Minuit était si loin! « Si vous avez affaire à la duchesse Formosani, insistait de

Naër, il est impossible que vous ne parveniez pas à la reconnaître. » Démétrius en convint. « D'ailleurs, reprit Horace lorsque minuit sonna, je vous exhorte à ne point dédaigner cette paire de ciseaux anglais; c'est un outil admirable et très-propre à couper sans bruit une mèche de cheveux. » Un signal, je ne sais lequel, se fit entendre dans le jardin. Le comte disparut.

« Hé! hé! Votre Excellence ne s'est point fait attendre, s'écria plaisamment le spadassin en saluant Démétrius.

— Écoute, dit celui-ci, si tu veux nommer la femme vers qui tu me conduis, je te donnerai mille piastres.

— Je vous remercie, monseigneur, répliqua l'homme, car, d'après conventions, je dois recevoir pour me taire le double de ce que je pourrais gagner en parlant. »

Comme la veille, le comte fut enfermé sous la tente de velours grenat, et le voyage commença, rapide et sans bruit, dans le golfe.

Le lendemain, dès la pointe du jour, Horace

fut éveillé en sursaut par le fracas d'une porte qui s'ouvrait brusquement.

« C'est elle ! » cria Démétrius en se laissant choir sur un fauteuil près du lit.

De Naër ouvrit lentement les yeux.

« Eh quoi ! partir déjà ? murmurait-il avec mélancolie.

— C'est elle ! c'est la duchesse ! répéta le comte.

— Excusez-moi, Démétrius, je rêvais de la Chiaza. La duchesse, disiez-vous, elle s'est trahie ?

— Non. Je me suis roulé à ses pieds, je me suis frappé la poitrine, j'ai prié, j'ai pleuré pour qu'elle consentît à me dire son nom, et moins que son nom, une phrase, une parole, ce qu'elle aurait voulu ! Rien. Elle est demeurée silencieuse comme si elle ne m'avait pas entendu. Toujours la même apparition blanche aux enlacements muets ! Et je n'ai rien vu, sinon l'éclair de son œil, qui m'aveuglait dans l'ombre. Mais regardez, ces cheveux, ils sont noirs comme les siens, ce sont les siens ! Et sur l'épaule droite du fantôme j'ai touché (voilà une preuve sans réplique), j'ai touché la marque d'un signe pareil à celui que porte Angéla-Siréna sur l'épaule ! Oh ! c'est elle : j'en suis sûr, aucun doute.

— En ce cas, dit Horace, vous devez être satisfait.

— Ah ! je suis bien malheureux ! »

Cette journée s'écoula comme les précédentes, et celles qui suivirent n'en différèrent pas davantage. Démétrius était reçu par la duchesse avec un nonchaloir ingénu qui aurait découragé les soupçons les plus obstinés. Maintes fois il fut sur le point de lui dire qu'il avait tout deviné et qu'elle avait tort de dissimuler plus longtemps; maintes fois, en montant l'escalier du palais, il prépara le discours qu'il aurait dû tenir; en présence d'Angéla-Siréna, plus de projets, plus de résolutions. Il tombait en extase, sans haleine, sans parole; et toujours, devant elle, il s'estimait infâme d'oser la soupçonner. Mais chaque matin sa crainte et à la fois son espoir étaient ravivés par l'effet des impressions récentes, et il prenait mille décisions sans cesse renouvelées, jamais exécutées.

Horace de Naër avait été présenté par le comte à la duchesse Formosani.

« Vous êtes fou, mon hôte, dit cette fois le jeune homme, la duchesse est incapable d'une équipée nocturne. Au surplus, continua-t-il, peu de femmes ont de ces audaces. Une seule..... »

De Naër se prit à sourire.

« Laquelle ? interrogea Démétrius.

— Oh ! dit Horace, elle est en Chine. »

La passion du comte grandissait chaque jour ; la duchesse lui paraissait de plus en plus désirable, et, ses incertitudes ne prenant pas de fin, il en arrivait au désespoir. Cette double vie lui était insupportable. Toutes les joies des rendez-vous mystérieux se convertissaient en douleurs au souvenir d'Angéla-Siréna ; les émotions charmantes qu'il éprouvait à écouter le babillage de la jeune femme devenaient des angoisses quand il se rappelait les silences nocturnes. Il résolut d'en finir. Des deux bonheurs qui lui étaient accordés, il fallait qu'il en abandonnât un. Il n'hésita point. Un soir, le spadassin donna vainement le signal convenu. Il frappa dans ses mains et jeta des pierres aux fenêtres. Démétrius, aux aguets derrière une persienne, écoutait et observait; il s'était juré de ne pas descendre. Là-bas, au delà des arbres, il vit resplendir la belle tente carrée de velours grenat chamarré d'or ; il vit la barque dans la crique, et, à travers les branches, la veste rouge du matelot. Il entendait crier : « Monseigneur! Monseigneur ! » et il restait derrière la fenêtre, étonné de son courage. L'émissaire se lassa d'attendre. Le comte le regarda s'éloigner. Il n'aurait pas voulu qu'il s'éloignât. Pourquoi ne l'avait-il pas appelé une fois encore ? Il serait descendu peut-être. Non, il ne serait pas descendu. L'homme s'approcha de la barque et s'entretint avec le matelot. Une grande épouvante assaillit l'âme de Démétrius. « Ils vont partir ! Ce serait une chose horrible si ce drôle, profitant de ce que je ne suis pas venu, allait prendre ma place? L'ombre qui m'empêche de voir la duchesse

empêcherait la duchesse de le reconnaître. »
Telle fut la raison que s'allégua le comte pour
autoriser sa faiblesse. Le matelot avait levé les
rames ; la gondole allait fuir. « Me voilà ! » s'é-
cria Démétrius. « Je devais choisir, pensait-il,
entre le jour et la nuit ; c'en est fait, je ne la
verrai plus. » Mais, le lendemain, à l'heure de
sa visite quotidienne, il montait en courant (à
ce point qu'il arriva tout essoufflé) le grand
escalier blanc du palais Formosani.

Une autre fois, pour se soustraire à l'anxiété
de ses doutes, il jura de quitter Naples ; il s'en
irait n'importe où, très-loin, en France peut-
être ; mais il rompit son serment et ne fit d'autres voyages que ceux de chaque nuit, vers
l'alcôve inconnue.

Cependant la marquise de Brescia, très-ex-
périmentée, avait depuis longtemps compris, à
l'attitude du comte, qu'il lui était survenu quelque chose d'anormal.

Interrogé par elle, il raconta sans détours
tout ce qu'il avait souffert depuis sa rencontre
avec la duchesse Formosani. La marquise était

femme d'esprit, et certainement très-apte à donner un bon conseil.

« Mon cher enfant, lui dit-elle, vous êtes la proie d'une intrigante. Je me porte caution pour Angéla-Siréna. Ces escapades romanesques ne sont plus d'usage chez les personnes de qualité; de mon temps déjà elles étaient tombées en discrédit. Cette gondole, cet intermédiaire, la nuit, le bandeau, tout cela est d'un goût outré; il en sort je ne sais quelle odeur rance de bourgeoisie prétentieuse. La duchesse Formosani, en supposant qu'elle fût capable d'une telle échauffourée, eût imaginé quelque chose de plus spirituel. Je vous le dis, vous avez enflammé par mégarde votre vendeuse de gants ou de parfumeries. Il en est de fort jolies parmi ces petites bourgeoises; mais, cher comte, priez la sainte Madone que la vôtre ne soit point une vieille!

— Elle n'est ni vieille ni bourgeoise, répondit le comte en souriant.

— Vous n'y entendez rien, répliqua la marquise. Quant à la duchesse, épousez-la si vous l'aimez autant qu'il le semble, et, le soir de vos noces, envoyez quelque laquais à votre place, là-bas, dans la gondole. »

La conviction évidemment sincère de l'habile vieille femme aurait dû gagner Démétrius ; mais, ces cheveux, c'étaient bien les cheveux de la duchesse, et le signe qui décorait l'épaule d'Angéla-Siréna, il le baisait chaque soir sur l'épaule de sa maîtresse.

Un mois s'était écoulé parmi ces alternatives cruelles, lorsqu'un accident eut lieu qui pouvait y mettre un terme, et fit grand bruit dans Naples.

Une nuit, le palais Formosani brûla. L'incendie se maintint quatre heures durant. Sous l'effort de la flamme l'édifice s'écroula pierre à pierre. Les gens de la duchesse furent sauvés à grand'peine, et l'on dut admirer la belle chance d'Angéla-Siréna, qui, précisément, avait passé la nuit hors de chez elle, au chevet de la marquise de Brescia, dangereusement malade. Démétrius apprit la nouvelle par le nègre Élie, qui, chaque matin, allait à Naples ; la duchesse habiterait sa villa, en attendant que le palais fût reconstruit.

Le comte se vêtit à la hâte et se rendit chez la marquise de Brescia ; elle était partie depuis trois jours pour Rome, elle reviendrait vers la fin de la semaine.

Le doute devenait impossible : la duchesse était absente pendant l'incendie, mais elle n'avait pas passé la nuit auprès de la marquise. Démétrius maudit cette perversité profonde, si habilement, si imperturbablement dissimulée. Pendant un mois, elle avait joué cette comédie détestable. Chaque jour elle le voyait palpitant devant elle, tourmenté d'incertitudes, dévoré d'angoisses ; était-ce donc bien difficile de lui dire : « Je vous aime, et c'est moi, c'est moi qui, chaque soir, vous attends là-bas, où l'on vous mène, dans l'ombre et le silence ! » La nuit, il tombait à ses genoux, la suppliant de parler, de ne point faire durer cet incomparable supplice ; il s'écriait : « Angéla ! » puis : « Duchesse ! » puis : « Angéla-Siréna ! vous voyez bien que je vous ai reconnue, pourquoi vous taire encore ? » Elle ne répondait pas et demeurait cruellement impassible.

Le comte marchait à grands pas dans la rue,

et par moments il se frappait la tête du poing.
Mais sa colère ne fut pas de longue durée. Ce
que la duchesse avait fait, en somme, c'était
pour lui qu'elle l'avait fait; elle s'était éprise
tout à coup, dès la première rencontre; il se
rappela les plumes de l'éventail envolées avec
les feuilles de rose. Pouvait-elle hasarder un
aveu, dès l'abord, la première? Cependant, à
son amour elle n'avait pas pu résister; c'était
une imprudente : elle avait affronté la honte et
le scandale; mais pour lui, pour lui seul. Était-
elle si coupable? Sans doute, si quelque jour il
lui avait dit : « Je vous ai reconnue », elle n'aurait point nié; de tous ses vœux elle appelait
l'heure où elle pourrait redevenir elle-même et
mettre un terme à cette double vie; mais il ne
lui avait jamais parlé. Devait-elle se faire reconnaître la nuit tandis qu'il baisait ses pieds
en la conjurant de dire son nom? Elle serait
morte de honte, étant craintive et douce, s'il
lui avait fallu se découvrir pendant ces heures
éperdues. Comme elle devait souffrir de ne
pouvoir lui répondre : « Démétrius » quand il
lui disait : « Angéla! » Mais maintenant tous

les tourments allaient cesser; il lui parlerait, elle avouerait, il n'y aurait plus ni ténèbres, ni mystères. Oh! les tendres excuses! les douces confidences!

Le comte remonta dans sa voiture et se fit conduire à la villa Formosani.

La duchesse le reçut dans le jardin, sous un oranger.

Une fois de plus ses belles résolutions s'évanouirent en présence d'Angéla-Siréna; la pudeur le prit à la gorge; il tressaillit, rougit, et se perdit dans une phrase balbutiée.

« Vous savez la nouvelle? demanda la duchesse.

— Oui, madame, et je sais aussi que vous avez été miraculeusement préservée. »

Démétrius tenta de mettre quelque peu d'impertinence dans cette réponse; Angéla n'y prit point garde.

« On raconte que j'ai passé la nuit chez la marquise de Brescia, ce n'est pas vrai, dit-elle. J'étais en dévotion au couvent de l'Étoile, dont ma cousine est supérieure. C'est un secret que je vous confie. J'ai beaucoup de religion, mais j'aime qu'on l'ignore. »

La duchesse fit le signe de la croix avec la gravité d'une petite nonne. « Voilà, pensa le comte, une franchise adorable ou une épouvantable noirceur ; quoi qu'il en soit, il faut que mon sort s'accomplisse. »

« Madame la duchesse, dit-il brusquement j'ai l'honneur de vous demander votre main.

— Oh! fit Angéla, c'est très-grave ; il faut que je réfléchisse. »

Elle acheva sa phrase dans un éclat de rire.

« Voilà qui est fait, reprit-elle, j'ai réfléchi. »

Et, toujours rieuse, elle tendit la main au comte de Seyssel.

Le mariage fut fixé à quinze jours de là. La nouvelle se répandit, Démétrius fut envié. « Vous faites bien, dit à son retour la marquise de Brescia. » Horace de Naër estima que c'était un moyen hardi, mais décisif, de tirer toute chose au clair. Quant au comte, il était plus calme; il s'imaginait être déjà le mari de la duchesse, et que les convenances les contraignaient pendant quelques heures à une retenue si ardemment compensée. Il résolut de vivre de la sorte jusqu'au jour du mariage. Il attendit. Le jour vint.

La veille des noces, il y eut un bal à la villa Formosani ; la fête se maintint jusqu'à l'aurore ; mais Horace de Naër disparut avant minuit sous ombre de conduire à sa voiture la marquise de Brescia, qui s'était trouvée indisposée.

Le lendemain, dès le matin, le mariage eut lieu ; le comte et la comtesse de Seyssel devaient quitter Naples au retour de l'église ; une chaise de poste les attendrait à la grille de la villa. La cérémonie nuptiale fut très-somptueuse. Cette cousine d'Angéla, qui était supérieure au couvent de l'Étoile, ne manqua point d'y assister. Pendant la bénédiction, Démétrius observa sa femme ; elle était vêtue d'une robe de moire à volants de dentelle ; une rose fleurissait dans ses cheveux. Sous la parole du prêtre, elle courbait la tête d'un air édifiant ; quand elle s'agenouilla, ce fut avec un sourire d'une candeur évidente. Le comte avait répudié tout soupçon. « J'ai rêvé! » disait-il. Lorsque les époux sortirent de l'église, une vieille mendiante, accroupie sous le porche, ayant remarqué que la mariée ne portait pas de fleurs d'oranger :

« Voilà une veuve, s'écria-t-elle en patois napolitain, qui a tout à fait l'air d'une jeune fille. »

La comtesse rougit. Démétrius jeta un louis à la mendiante.

« Elle a raison, j'étais fou. »

Lorsqu'ils se trouvèrent seuls enfin, ce fut dans le jardin de la villa, sous l'oranger. La comtesse allait se retirer afin de revêtir un costume de voyage.

« Voulez-vous demeurer un instant? dit Démétrius.

— Je le veux bien, » fit-elle.

Il la regarda longuement en silence.

« Comtesse, dit-il enfin, vous êtes ma femme à présent, n'avez-vous rien à me dire?

— A vous dire? Non, répondit-elle avec une petite moue d'étonnement.

— Rien?

— Rien, en vérité. »

La pensée d'Angéla transparaissait à travers la sonorité cristalline de sa voix. Démétrius tenta de se dérober à une influence trop souvent subie, et, prenant sa femme par la main avec une sorte d'emportement :

« Vous n'avez rien à me dire ? » répéta-t-il encore.

La comtesse leva fièrement la tête.

« Non, monsieur, » dit-elle d'un ton ferme.

A ce moment la face noire d'Élie se montra parmi les branches.

« Qu'est-ce ? fit le comte.

— Une lettre de la part de M. Horace de Naër, dit le nègre en s'inclinant.

— Donne et va-t'en. »

Démétrius lut à la hâte.

Soudain il ploya les genoux et baisa furieusement les petites mains de sa femme.

« Comtesse, s'écria-t-il, vous ne me pardonnerez jamais !

— Qu'ai-je à vous pardonner ? demanda-t-elle.

— Oh!. rien, absolument rien! Angéla, m'aimez-vous? »

Il l'avait attirée sur sa poitrine. Elle se dégagea de cette étreinte et s'enfuit effarouchée. Mais, quand elle fut un peu loin, elle dit : « Démétrius, je vous aime! » et disparut.

« Heureux homme, écrivait de Naër, qui êtes le mari de la duchesse et qui avez été l'amant de la Chiaza! Cette nuit, couvert d'un manteau qui m'enveloppait jusqu'aux tempes, j'ai tenté l'aventure à votre place. En un baiser, j'eus reconnu la Vénitienne. Elle a de merveilleux cheveux noirs; son épaule est marquée d'une petite cicatrice due à la pointe d'un stylet d'or; de là la confusion. Quant à votre guide de chaque soir, c'est Zicotto, un ancien bateleur de Venise, un drôle qui jadis, à Bruxelles, n'hésitait point de vider mes boîtes de havanais et mes bouteilles de constance. Je pars pour l'Angleterre. Adieu. »

Il n'y avait pas jour à conserver le moindre doute; tout était nettement expliqué; le nègre Élie avait peut-être trouvé singulier que la lettre d'Horace fût apportée par un laquais de la marquise de Brescia ; mais Élie était une personne discrète, qui ne parlait jamais, à moins d'être interrogée.

Janvier 1860.

MARIETTA DALL'ORO

MARIETTA DALL'ORO

A douze ans, la signorita Marietta Dall'Oro dansait les papillons et les sylphes au théâtre Saint-Charles, à Naples. Par miracle, elle n'avait pas l'air souffreteux qui distingue communément les petites baladines de son espèce, créatures anormales, vaguement désireuses de lumière vive et de vagabondages dans les bois, opprimées par le monde artificiel où elles se débattent. Marietta, démesurément précoce, portait en elle assez de séve pour suppléer aux causes extérieures d'épanouissement; elle avait grimpé aux arbres des portants et s'était chauffée au soleil des toiles de fond. Coiffée d'églantines blanches, vêtue de crêpe rose, toute rose, toute blanche, elle montrait des épaules délicatement charnues; ses bras, quoique un peu grêles, ne rappelaient en rien la rigidité virginale qui perce au coude la manche des jeunes personnes; on remarquait sa cuisse déjà musculeuse et son genou nerveux comme celui d'un poulain calabrais. Il y avait au théâtre un certain Gugliemo Tiradritto, danseur naguère illustre, qui s'était cassé la jambe droite au plus beau temps de sa gloire, en escaladant par mégarde le mur d'un couvent de filles, à Bologne; d'où s'ensuivit qu'il béquilla cruellement jusqu'à la fin de ses jours; mais la jambe qui lui restait avait du génie pour deux. Grâce aux conseils de Tiradritto, Marietta, qui était née avec des ailes aux talons, ne manqua pas de devenir une danseuse admirable, bruyamment applaudie; et d'autre part, sa beauté mûrissante, que singularisaient encore des arrière-grâces d'enfance, suscitait de nombreuses convoitises. Sa mère, figurante obscure et coquine effrénée, s'entremit aussitôt, décourageant les ladres et les gens de petite extraction. Le général Frimont, prince d'Autrodoco, commandant de l'armée autrichienne en Italie, offrit une parure de sept mille frédéricks, et le prince de Salerne, frère du roi Ferdinand, ne parlait de rien moins après boire que d'épouser de la main gauche la signorina Marietta Dall'Oro. Il y avait de quoi faire tourner la tête d'une ballerine ; la tête tourna du mieux qu'elle put, et Marietta se fit enlever par un jeune cavalier de Palerme qui ne possédait pas trente piastres et faisait le métier de poëte comique.

Pendant six mois, les deux enfants, ayant auprès d'eux le seul Tiradritto, se tinrent cachés dans un faubourg de Catane, au pied des monts de Sicile. Ce fut un amour souriant, tendre, clair, matinal. La signorina ne s'est jamais souvenue qu'avec douceur de ce pauvre Lorenzo qui faisait de si jolis sonnets et qui avait de si grands yeux.

Au commencement de l'hiver, elle s'imagina d'aller danser à la cour de Modène. Ce n'était plus la petite Marietta du théâtre Saint-Charles ; la jeune femme avait jailli de l'enfant précoce. Ses lèvres, gonflées de sang sous les baisers de Lorenzo, contrastaient mieux avec la blancheur du visage, et l'amour était resté vivant dans la profondeur de ses yeux. Trop ingénue naguère et puérilement impatiente, sa danse avait maintenant des ondulations molles et perverses ; il semblait que son corps s'enveloppât, dans les ivresses du ballet, d'une chaude flamme exhalée de lui-même comme une lueur lumineuse ; et ses gestes étaient des souvenirs d'enlacements dont la caresse prolongée s'imposait aux cous des spectateurs vaincus par l'hystérie. Le duché de Modène fut bouleversé totalement. François d'Este, lui-même, seul et masqué, vint frapper un soir à la porte de la signorina. En considération de Son Altesse et par un effort de génie, la danseuse renova, jambes nues, cette pantomime oubliée dont sa mère, jadis attentive aux intrigues de la cour des Deux-Siciles, avait entrevu le mystère, ce tendre pas du châle enseigné par miss Emma Harte à la déesse Hygie et que lady Hamilton se rappelait encore aux petits soupers de la reine Caroline-Marie. François IV, extasié, déclara qu'il reviendrait le lendemain ; mais la signorina disparut au point du jour avec le fidèle Tiradritto.

De Florence, où elle séjourna longtemps, sa renommée grandissante conquit l'Italie entière. La Scala se ruina pour l'engager et s'enrichit pour l'avoir engagée. C'est alors qu'elle se lia de tendresse avec un jeune bon cousin de la Vente Centrale d'Alexandrie ; d'où résulta que, par la suite, pour désigner l'époque de son passage à Milan, elle avait coutume de dire, à l'exemple d'une belle princesse illustrée par les poëtes : « lorsque j'étais républicaine. » Mais la signorina Dall'Oro ne s'attardait pas longtemps à la même fantaisie : en dépit des remontrances de Tiradritto qui la suivait de ville en ville, béquillant de pis en pis, elle résilia son engagement, paya je ne sais quelle somme à l'impresario de la Scala et reparut à Naples, où sa mère venait de mourir. Toutes larmes séchées, Marietta fit de la politique absolutiste avec le maréchal Raditski, qui avait remplacé le prince d'Autrodoco. « Lorsque j'étais Autrichienne, » disait-elle plus tard. Elle ne voulut point danser à Saint-Charles, parce que c'était le temps où les jambes des ballerines, avec leurs caleçons verts, ressemblaient à des tiges de palmiers ; et la signorina tenait pour les maillots roses ; mais, après trois années de paresse délicate et d'amours inconnues, le démon des coulisses, qui harcèle sans pitié, l'obligea de signer un engagement pour Hyde-Park. Les brouillards de Londres faillirent la rendre folle de tristesse ; malgré les joies du théâtre, elle garda le spleen tout l'hiver, et crut se divertir en épousant sir William Campbell. Quand on lui mit au front les fleurs nuptiales, elle eut un petit rire. « Pourquoi riez-vous, milady ? » demanda l'époux gravement. « C'est, dit-elle, que je me souviens d'avoir porté des couronnes comme celle-ci, au troisième acte des ballets, quand Colombine se marie avec Arlequin. » La lune de miel n'avait rien qui pût surprendre Marietta ; sir William lui demeura indifférent ; deux ou trois amants qu'elle prit ne l'émurent qu'à peine ; de sorte qu'un matin des malles furent faites à la hâte, et milady Campbell s'embarqua sur le paquebot de Douvres, à la grande satisfaction de Gugliemo Tiradritto, dont la poitrine se gonflait d'amertume sous sa livrée d'intendant, et qui, tout le jour, ne faisait autre chose que de battre avec sa béquille la mesure d'un ballet ancien.

A Paris, les poëtes se souviennent encore de Marietta Dall'Oro, la belle mime aux lèvres de grenade, qui leur jetait des poignées de soleil au visage et faisait tournoyer dans la valse de *Giselle* la furia des tarentelles napolitaines. En huit jours, la signorina fut célèbre et se révéla Parisienne; elle eut tout ce qu'il convenait d'avoir : des équipages de luxe, un domestique nègre, et le baron de Chalmy, qu'elle ruina comme un ange, et une loge aux Bouffes pour les soirs où elle ne dansait pas. Mais on estima généralement qu'elle s'attendrissait outre mesure sur le sort d'un musicien suédois qui lui avait dédié une polka-mazurke et se mourait de la poitrine. Il y eut une heure triste en effet dans cette vie souriante ; elle s'était prise d'amour, l'aventurière, pour ce jeune homme étranger, tendre comme les enfants malades, qui considérait la tombe d'un paisible visage. Quand il mourut, elle pleura. C'est à ce moment que les journaux annoncèrent le décès de sir William Campbell, qui s'était pendu à un cyprès, par une matinée d'octobre ; cela survint très à propos, et la mort du mari servit de prétexte à porter le deuil de l'amant. Mais les robes noires s'usent vite. La signorina se reprit à courir le monde. En Allemagne, elle fut honorée de quelques rencontres avec la comtesse Morgane de Poleastro, liaison passagère, mansuétude de grande dame pour une courtisane. A Vienne, elle dansa, puis à Madrid, puis à Lisbonne, sans cesse turbulente et joyeuse comme la clochette d'un bonnet de fou, jeune encore en dépit du temps qui se hâte, aussi jeune que la petite Marietta du théâtre Saint-Charles, et mille fois plus charmante. Était-il bien possible qu'elle eût quarante ans, en effet? Cela l'inquiétait un peu. Elle fut engagée à Saint-Pétersbourg, épuisa des mines de platine, affranchit cent esclaves, reparut en Espagne, puis revint en Russie. Mais, à Moscou, le froid la saisit ; elle regretta le soleil et partit pour l'Italie. Sous les arbres d'une promenade, à Ferrare, elle retrouva ce pauvre Lorenzo, qui vivait à grand'peine en composant des poëmes d'opéras et des scénarios de pantomimes. La misère présente lui avait ravi la mémoire du passé; il disait : « Je suis vieux, » et se rappelait mal le théâtre Saint-Charles et le faubourg de Catane, au pied du mont Gibel. La signorina convint elle-même qu'il y avait bien longtemps de tout cela. Quant à Tiradritto, il n'en pouvait plus. Par une détermination rapide, et se réservant à peine de danser quelquefois devant le miroir quand sa femme de chambre ne serait pas là, Marietta quitta le théâtre. Elle renoua d'une lettre son amitié ancienne avec le baron de Chalmy et vint habiter la France sous le nom de milady Campbell. Cinq années s'écoulèrent. Un soir d'hiver, la danseuse repentie, mais toujours belle et coquette irrémédiablement, se faisait coiffer d'églantines blanches et vêtir de crêpe rose, entre les glaces d'un boudoir, dans son petit hôtel de l'avenue Marigny, charmant comme un pavillon de favorite, avec ses vitres peintes et ses balcons légers où fleurissaient des lauriers de Bengale mêlés à des cactus de Chine; mais le baron de Chalmy, qu'elle attendait, ne vint point. A vrai dire, il écrivit qu'il ne viendrait plus. Quelle raison donnait-il ? Qu'il avait soixante ans. « Prétexte ! » dit Marietta, qui en avait cinquante. Cet abandon la laissait besoigneuse. Rentrerait-elle au théâtre ? Quelques plis malaisément dissimulés par le blanc de perle, pareils aux branches d'un éventail qui rayonnent autour d'une charnière, se rejoignaient dans une fossette au bord de son œil ; la chair de son cou, jadis si délicieusement blanche, et dont la teinte imitait maintenant celle des vieux ivoires et des dentelles anciennes, se renflait vers le milieu comme si elle avait été parallèlement serrée par deux fils inaperçus ; enfin, elle était un peu grasse, avec des formes abandonnées. Mais les premières atteintes de la vieillesse avaient plutôt transformé que définitivement altéré sa beauté ; une grâce moite et languissante l'enveloppait ; elle avait la séduction douce de ce qui va n'être plus, comme elle avait eu autrefois le charme acide de ce qui n'est pas encore ; et l'on songeait, auprès d'elle, à quelque rose opulente et fraîche qui aurait déjà, comme un attrait de plus, le vague parfum triste qui s'exhale d'une fleur conservée entre les marges d'un livre. D'ailleurs, la danseuse n'était point morte en elle : elle souffrait cruellement de son renoncement aux joies turbulentes des aventures ; l'impalpabilité de ses souvenirs ne lui suffisait pas ; elle avait des rebellions mal contenues ; aux heures où naguère elle allait au théâtre, elle éprouvait cette nostalgie singulière qui fait palpiter, à l'époque de l'émigration, l'aile des oiseaux prisonniers ; la chambre où elle se plaisait avait une apparence de loge entre deux portants, avec ses tentures aux couleurs violentes, ses meubles inusités, ses loques écarlates, éparses çà et là, sa vaste glace haute, fendillée vers les coins, et le pot de vermillon égaré sur une étagère ; elle avait malaisément quitté les locutions familières aux coulisses ; elle n'aurait jamais pu abandonner l'habitude des tutoiements soudains ; et lorsque, dans un bal d'artistes, elle consentait à un quadrille, ses jupes longues, par un renversement d'idées, la troublaient comme une impudeur.

Elle rentra à l'Opéra, et tout alla bien pendant trois ans, car elle eut un feuilleton, je veux dire un amant qui s'enfermait tous les vendredis pour noircir vingt-quatre feuilles de papier qu'un journal publiait tous les lundis. Mais le feuilleton portait perruque. Dans une querelle à propos d'une petite du corps de ballet dont il avait sans mesure exalté le maillot, Marietta arracha la perruque et la jeta aux pieds de sa rivale. Humilié, le feuilleton, qui savait l'âge de sa maîtresse, l'imprima, et l'engagement de la danseuse ne fut pas renouvelé. Par bonheur, derrière le manteau d'arlequin elle avait quelquefois souri à un vaudevilliste, qui la fit entrer au théâtre de la Porte-Saint-Martin. Là, pour obliger une figurante, remarquablement perverse, qui s'était endettée au profit d'un chanteur comique de café-concert, et qu'elle recueillit dans son petit hôtel de l'avenue de Marigny, elle vendit ses diamants; mais elle en acheta d'autres, qu'elle ne paya point. Son mobilier pouvait être saisi; elle le mit sous le nom de son amie; de sorte qu'un beau soir celle-ci la jeta à la porte en l'appelant : « Vieille folle! » Marietta pleura amèrement; c'était la première fois qu'on l'appelait : vieille. Avec le fidèle Tiradritto, qui l'accompagnait sans relâche, elle alla loger dans un hôtel. A la Porte-Saint-Martin elle avait peu réussi ; un théâtre de premier ordre lui offrit cependant un rôle secondaire dans un ballet nouveau. Elle refusa et, pour vivre, vendit les diamants qu'elle n'avait point payés. Mais, citée en justice, elle dut rendre l'argent et accepta un troisième rôle dans un théâtre de second ordre. Après trente représentations sans éclat, elle fut congédiée ; on disait qu'elle avait les jambes trop grosses. Tout cela la tuait. Pourtant c'était une grande artiste. Elle avait cinquante-cinq ans.

Un jour, étant très-pauvre, elle alla chez le vaudevilliste, qui ne devait pas, croyait-elle, avoir oublié son sourire. Il lui offrit vingt francs. Elle les accepta. Chez le feuilletoniste, où elle se présenta ensuite, elle ne fut pas reçue ; dans la rue, en se retournant vers la maison de son ancien amant, elle vit à une fenêtre la petite du corps de ballet, aujourd'hui premier sujet, qui l'avait reconnue et riait aux éclats. « Ce manche à balai ! » dit Marietta, car il faut bien se venger. Une autre fois, elle n'avait plus que dix sous dans un vieux porte-monnaie déchiqueté ; elle sonna à la porte du baron de Chalmy, elle pensait : il est gentilhomme, celui-là. « Vous voulez parler à mon père, madame ? » demanda une toute jeune fille qui apparut, curieuse, derrière le domestique, quand la porte fut ouverte. La vieille pécheresse rougit. « Non, mademoiselle, dit-elle, je me suis trompée d'étage. »

Marietta et Tiradritto vivaient cette vie triste où l'on s'étonne chaque matin d'avoir mangé la veille.

Il y avait, rue de la Tour-d'Auvergne, un cours de danse dirigé par un ancien militaire ; Marietta acheta cet établissement ; elle n'avait point d'argent, mais elle en promit. Le mardi, elle donnait un bal. On sait ce que c'est que ces sortes de bals. A la porte personne ne payait, bien que Tiradritto, rogue et roide, fût assis au contrôle ; mais, à minuit, on buvait du champagne ; cela rapportait un peu d'argent. Marietta composait des ballets ; elle les exécutait elle-même avec les moins sottes de ses élèves, car elle avait des élèves, qui ne la payaient point. Un soir, dans un coin de la salle de bal, elle laissa tailler un baccarat; ensuite on joua tous les mardis; quelques personnes trichèrent; on racontait que Marietta partageait les profits; ce n'était pas vrai; en somme, un tripot; de sorte que la police, bientôt informée, fit irruption une nuit, saisit les cartes, et jeta les joueurs dans la rue. Les hommes pestaient, les femmes riaient ; on fit venir des fiacres, et tout le monde rentra chez soi, à l'exception de Marietta et de Tiradritto, qui demeurèrent sur le trottoir par la double raison que, la caisse du contrôle ayant été saisie, ils n'avaient pas d'argent pour prendre une voiture, et que leur seul domicile était la salle de bal d'où on venait de les expulser. C'était pendant le carnaval, en février ; il tombait une petite pluie très-fine, presque rien, un brouillard ; mais il faisait beaucoup de vent. Coiffée d'églantines blanches, vêtue de crêpe rose, Marietta avait une jupe courte qui laissait voir ses jambes encore belles. Les nuits sont très-longues. « Que faire ? » dit la danseuse. La bise lui mordait les mollets. « Venez, dit Tiradritto, je connais le contrôleur d'un bal de barrière ; il nous fera entrer pour rien, et vous vous réchaufferez. » Ils allèrent ; mais le contrôleur ne voulut les laisser passer qu'à la condition qu'ils offriraient un saladier de vin. « Soit ! » dit Tiradritto. Comme il avait beaucoup de mauvaises connaissances, il espérait trouver quelqu'un dans le bal qui lui prêterait vingt sous ; il rencontra un de ses amis en effet, qui lui emprunta deux francs. Le saladier bu, il fallait payer ; il y eut une querelle avec le garçon ; on les conduisit au poste, où ils couchèrent. « Que c'est sale ! » dit Marietta en entrant. Cette nuit-là fut triste.

Non loin des fortifications, du côté de la barrière de l'École, il y a des maisons décriées où dorment des mendiants. C'est dans un de ces taudis que logèrent dès lors les deux misérables. Marietta toussait beaucoup, parce que les fenêtres ne fermaient point ; elle avait maigri, elle avait soixante-quatre ans ; elle était hideuse ; elle disait : « Quand j'aurai de l'argent, j'achèterai un miroir. » Cependant, de quoi vivaient-ils? Gugliemo Tiradritto, qui sortait dès le matin, et ne rentrait jamais avant la nuit tombante, rapportait quelques sous parfois. « J'ai emprunté, » disait-il. Un jour, Marietta, en se promenant au soleil, entendit un air de danse joué par un accordéon dans la cour d'une maison prochaine ; elle se souvint d'avoir dansé sur cet air, autrefois, devant François d'Este, duc de Modène ; elle soupira, et, rêveuse, entra dans la cour. Sordidement vêtu, Tiradritto jouait de l'accordéon en frappant la mesure avec sa béquille et en disant : « Mesdames et Messieurs, n'oubliez pas un pauvre infirme, s'il vous plaît ! » Marietta lui sauta au cou. « Joue, joue encore ! » cria-t-elle ; et alors, relevant sa jupe de vieille laine rougeâtre en lambeaux, montrant ses noires jambes maigres, dont l'une était sans bas, elle se mit à danser, haillonneuse, échevelée, horrible, cette danse oubliée dont sa mère, jadis attentive aux intrigues de la cour des Deux-Siciles, avait entrevu le mystère, ce tendre pas du châle enseigné par miss Emma Harte à la déesse Hygie, et que lady Hamilton se rappelait encore aux petits soupers de la reine Caroline-Marie. Une cuisinière, qui traversait la cour, les appela : « Vilains singes ! »

Dès lors, ils mendièrent ensemble ; il jouait, elle dansait ; on leur donnait parce qu'ils faisaient rire ; elle put acheter un miroir et un pot de fard. Mais le rhume de Marietta était devenu un asthme ; un jour, elle dit : « Je suis malade, » et se coucha. Le lendemain matin, elle se trouvait mieux ; mais, le soir, elle mourut étouffée.

Quand les chevaux des corbillards ont des plumets blancs, cela coûte très-cher. Ils en avaient au convoi de Marietta. Tiradritto seul le suivit. Comme il avait cassé sa béquille, la veille, en enfonçant une porte, il fallait, pour marcher debout, qu'il s'appuyât des deux mains à l'arrière-train de la voiture.

A la sortie du cimetière, deux hommes de police le prirent au collet en lui disant qu'il avait volé pour cinq cents francs de bijoux dans la boutique d'un orfévre. Deux mois plus tard, il fut jugé, et on l'expédia dans une maison de détention au lieu de l'envoyer aux galères, parce qu'il avait soixante-dix-sept ans.

Mars 1865.

L'ÉTANG

L'ÉTANG

Vers la fin d'un pluvieux jour d'été, ayant atteint lentement, car mon cheval était las, le sommet d'une colline boisée de jeunes pins, j'aperçus enfin les pignons et les futaies du domaine des Aulnes, qui occupe le fond brumeux de la vallée.

Je venais prendre possession, à titre d'héritier, de ce vaste domaine, abandonné depuis quarante ans aux soins insuffisants d'un régisseur par la condamnable incurie du dernier propriétaire, mon père, qui était mort récemment.

Je hâtai d'un coup de cravache le pas de ma monture et commençai de descendre la côte. La pente du sentier était rapide ; les quatre fers rapprochés du cheval grinçaient périlleusement sur les cailloux enduits d'une fange glissante. Sous le ciel bas et lourd, à ma droite, à ma gauche, la verdure des pins était morne ; au-dessous de moi, dans le fond brumeux de la vallée, se dressait le château, masse carrée et sombre qu'entourait à perte de vue une grande forêt sauvage, entrecoupée de champs de bruyères et d'étangs couverts de roseaux affreusement verdâtres.

Je me souvins que mon père avait toujours témoigné un grand éloignement pour le domaine des Aulnes ; à ce nom seul, parfois, il frissonnait. Je ne sais pourquoi je songeai à cela en ce moment.

Il survint une petite pluie froide dont je me sentis très-incommodé ; car, la matinée ayant été assez belle, j'avais omis de prendre un manteau ou quelque couverture de voyage. En réalité, j'aurais voulu être arrivé.

Parvenu au bas de la colline, je n'avais plus qu'à traverser un petit village de cent ou cent cinquante feux, dont les dernières chaumières s'étendent jusqu'à l'entrée principale du château. Le bruit des pas de mon cheval fit accourir sur les seuils huit ou dix paysans en guenilles qui me considérèrent curieusement sans me saluer. Je dus attribuer à la contemplation prolongée des jeunes pins entre lesquels je venais de passer la singulière coloration que certains objets revêtaient à mes yeux ; les bras et les visages des misérables villageois qui me regardaient avec une persistance bestiale et craintive m'apparaissaient très-blêmes, presque verts. Des femmes glissaient leurs têtes et leurs mains parmi les groupes d'hommes. Il me sembla que ces têtes et ces mains oscillaient sans repos, blêmes aussi et vertes.

La grille du château était fermée. A travers ses barreaux lépreux de rouille, on pouvait apercevoir la grande cour seigneuriale encombrée d'herbes hautes, et, plus loin, l'antique demeure abandonnée. La pluie, devenue forte, me glaçait réellement. Je descendis de cheval, j'attachai la bête, qui courbait le col de fatigue, à un anneau scellé dans le mur; et j'eus la chance de découvrir assez vite le bouton d'une sonnette dissimulé dans les serrureries confuses de la grille. Je le tirai violemment, à plusieurs reprises. Mais, au lieu du fourmillant et joyeux drelin-drelin auquel se serait attendu tout être doué de raison, deux lents, sombres, lugubres coups de beffroi retentirent affreusement dans l'éloignement et dans l'ombre ; car c'était le soir déjà.

D'une petite maison basse, adossée au flanc droit du château, sortit une vieille femme qui portait une lampe. Très-grande, très-maigre, enveloppée plutôt qu'habillée d'une ample robe grise d'étoffe grossière, qui semblait un linceul sali, elle se dirigea vers la grille d'un pas de spectre, lent et léger. La lampe, qui éclairait pleinement son visage, me fit voir, sous des cheveux gris, des yeux hagards et ternes ; les joues étaient très-pâles.

« Soyez le bienvenu chez vous, monsieur, » dit-elle, pendant qu'une grosse clef geignait dans la serrure.

C'était la femme du régisseur.

« Merci, madame Chartier, répondis-je ; mais j'arrive par un mauvais temps.

— Par un mauvais temps, en effet. »

Elle me guidait vers la petite maison ; les herbes hautes et mouillées me montaient jusqu'aux genoux.

« Qui s'occupera de mon cheval ? demandai-je.

— Moi-même, dit-elle.

— Vous n'avez point de domestiques, madame ?

— Non.

— Qui donc prend soin du château et cultive les terres ? »

Elle me regarda d'un air étonné.

« Il n'y a pas de terre ici, » dit-elle.

Nous entrâmes au rez-de-chaussée, dans une salle humide, mal chauffée et mal éclairée par un petit feu de mottes ; il n'y avait sans doute qu'une lampe dans le ménage, celle que Mme Chartier avait prise pour venir à ma rencontre.

« Chartier, dit la femme du régisseur en touchant à l'épaule un assez vieil homme qui semblait dormir au coin de la cheminée, Chartier, lève-toi, voici le nouveau maître. »

Le vieillard se tourna de mon côté; c'était une face blême, aux yeux hagards et ternes.

« Soyez le bienvenu chez vous, monsieur, » dit-il.

Il se leva, m'offrit une chaise, et ajouta :

« Chauffez-vous, monsieur, afin de ne pas prendre mal. »

Mme Chartier, qui était sortie sans doute pour conduire mon cheval à l'écurie, revint chargée d'assiettes et de verres, et commença de mettre le couvert, silencieusement, sur une table oblongue qu'elle tira du côté de la cheminée.

Voilà des gens maussades, pensai-je, et, en moi-même, je formai le projet de renvoyer bientôt ce lugubre couple; mais le moment n'était pas venu de révéler mes intentions.

« Eh bien, monsieur Chartier, dis-je pour rompre un silence qui me devenait enfin désagréable, vous plaisez-vous chez moi, et puis-je espérer de vous y voir longtemps ?

— Vous ne me verrez pas longtemps, répondit-il.

— Pourquoi cela? Voulez-vous donc quitter les Aulnes?

— Oh! moi, monsieur, je ne les quitterai jamais ; mais vous repartirez bientôt. »

Je souris, car mon intention formelle était de m'établir d'une façon définitive dans ma nouvelle propriété.

« Oh! monsieur, dit derrière moi la voix de Mme Chartier, vous partirez bientôt. »

J'allais réclamer contre cette singulière affirmation lorsque la vieille femme ajouta : « Le dîner est servi. » Nous nous mîmes à table.

« Vous attendez quelqu'un? demandai-je, ayant remarqué qu'il y avait quatre couverts.

— Oui, monsieur, nous attendons ma fille, dit le régisseur en servant le potage.

— Ah! ah! vous avez une fille? »

J'espérais qu'un jeune visage répandrait quelque gaieté çà et là.

« Nous n'avons pas de fille, » dit Mme Chartier.

Le dîner était peu copieux ; néanmoins j'eus de quoi satisfaire amplement l'appétit que je devais à ma longue course de la journée, car mes hôtes ne mangeaient pas.

Je demandai à M. Chartier s'il était malade.

« Tout le monde est malade ici, répondit-il, à cause de l'étang.

— En effet, j'ai cru remarquer que les habitants du village sont singulièrement pâles.

— Ils ont les fièvres; mais ils souffrent moins que nous, parce qu'ils ne sont pas aussi près de l'étang.

— Ah! vraiment! » dis-je avec un léger frisson, car j'ai toujours particulièrement redouté la fièvre.

Après le dîner, Mme Chartier se retira pour me préparer une chambre, non point dans le château, qu'un long abandon avait rendu inhabitable, mais dans la maison, au premier étage. Le régisseur et moi nous nous approchâmes du foyer.

« Monsieur, dit le vieillard, excusez-nous de vous recevoir si mal; on est triste dans ce pays; la fièvre prend les enfants dès le berceau et ne quitte qu'au cimetière les hommes qui lui ont résisté. C'est à cause de l'étang, qu'il faudrait dessécher, ajouta-t-il en étendant la main vers la fenêtre ; et puis, nous, monsieur, nous sommes plus tristes que les autres, parce que nous avons perdu notre fille il y a un mois.

— Votre fille est morte, mon cher monsieur Chartier ? dis-je avec un attendrissement à peine exagéré.

— Dieu le sait, monsieur ! Quant à nous, nous ignorons ce qu'elle est devenue. »

Il continua d'une voix très-basse :

« Madeleine était bien triste, bien malade ; elle était comme nous sommes, mon bon monsieur. Mais les oiseaux chantent encore quand ils sont malades, et Madeleine chantait auprès de nous, qui ne parlions pas. J'espérais qu'elle résisterait au fléau, et je me disais : « Plus tard, « s'il plaît à Dieu, je l'emmènerai vivre dans une « ville. » Pour lui voir des joues roses, nous aurions donné nos vies, ma pauvre femme et moi. Mais elle était très-pâle : elle allait trop souvent au bord de l'eau. Elle aimait, je ne sais pourquoi, cette eau, qui lui faisait mal. Souvent, quand sa mère l'appelait pour le dîner, elle était assise dans l'herbe humide, à côté de l'étang. Nous la grondions, mais cela ne servait à rien. Il lui plaisait, disait-elle, d'entendre le bruit du vent dans les joncs du marais. Elle n'avait pas autre chose pour se distraire, la chère enfant ! Dans les autres pays, les filles des pauvres gens peuvent cueillir des fleurs, dénicher des oiseaux, élever des colombes et jouer avec elles comme dans ces images que j'ai vues chez les marchands des villes ; ici, monsieur, il n'y a pas d'autres fleurs que les nénufars de l'étang ; les petits oiseaux auraient peur de nicher dans nos grands arbres sombres ; et les colombes qu'on pourrait prendre, ce sont des corbeaux. Ma pauvre fille donc aimait beaucoup l'étang. Le soir, parfois, je l'entendais ouvrir la fenêtre de sa chambre, de la chambre où vous coucherez cette nuit, mon bon monsieur. « Rentre, « Madeleine ! criais-je. Couche-toi ; tu prendras « froid. » « Non, non, » me disait-elle. Et quand je lui demandais ce qu'elle regardait : « Il y a « une étoile dans l'étang, » disait-elle. Un matin, à l'heure du déjeuner, Madeleine ne descendit pas. Sa mère monta dans la chambre.

« Madeleine est sortie ! » cria ma femme. C'était le mois passé, un dimanche, le matin. Madeleine n'est pas encore rentrée. »

M. Chartier avait parlé lentement, d'un ton très-monotone. Il se tut en pleurant. La disparition de leur fille expliquait au delà du nécessaire les maussades allures de mes hôtes ; je me repentis de les avoir mal jugés, et ce fut avec une commisération très-vraisemblablement sincère que je pressai, en me retirant, les deux mains du triste vieillard.

Ma chambre était une petite pièce aux murs couverts d'un papier moisi ; dans un coin un lit de fer, deux chaises dépaillées à droite et à gauche d'une commode en noyer, un portrait de jeune fille, celui de Madeleine sans doute, en face de l'unique fenêtre ; c'était tout. Je me couchai, et je m'endormis, non sans peine toutefois, car les discours du régisseur avaient prédisposé mon esprit à de lugubres pensées ; puis je songeais à la fièvre, que je redoute particulièrement.

Après quelques heures d'un sommeil agité, je m'éveillai en sursaut.

« Hein ! qui va là ? » m'écriai-je.

D'où proviennent ces bizarres états de malaise physique et moral où tombent parfois, la nuit, les personnes nerveuses ? On a froid, on a chaud, on s'étonne, on s'effraye ; il passe peut-être quelqu'un de terrible que l'on ne peut pas voir.

La lampe, que je n'avais pas éteinte, me permit de me convaincre que j'étais seul, absolument seul, avec le portrait.

De mon lit, où je ne dormais plus, j'observai longuement cette peinture. C'était une jeune fille très-pâle, vêtue de blanc, dans une attitude languissante ; elle contemplait la fenêtre avec une ardeur étrange. En me couchant, je n'avais pas pris garde à l'expression trop vivante de ce visage inanimé. Comme l'on suit involontairement le regard d'une personne qui est auprès de vous, je dirigeai mes yeux parallèlement à ceux du portrait. La croisée n'avait pas de rideaux ; au delà des vitres apparaissaient vaguement les silhouettes informes de la forêt, et, dans l'ombre, il n'y avait qu'une étoile. En me retournant vers Madeleine, je remarquai que ses regards étaient devenus plus ardents ; mais il me fut aisé de m'expliquer pourquoi cela me paraissait ainsi : un instant plongés dans la nuit, mes yeux devaient revoir plus vifs ceux du portrait, où la lampe dardait pleinement sa lumière.

Ce que je ne pus m'expliquer, ce que je ne comprends pas encore, c'est l'idée absurde, — résultat sans doute de ma surexcitation nerveuse, — qui me conseilla de me lever, d'ouvrir la fenêtre, comme pour obéir à la volonté du portrait, et, la fenêtre ouverte, de me retourner vers lui pour recueillir un remercîment. A vrai dire, j'étais bien certain de retrouver à la peinture l'aspect qu'elle avait auparavant et qu'il avait plu à l'artiste de lui imposer ; car je n'étais pas *encore* absolument déraisonnable. Un coup de vent, qui entra dans la chambre, éteignit la lampe, et le portrait disparut.

Au dehors, les ténèbres étaient profondes ; sous le ciel bas et noir, de vastes arbres se détachaient, effrayants, sur la nuit, autour d'une grande étendue pâle où frémissaient de furtives lueurs d'acier et le reflet assombri d'une seule étoile : là était l'étang.

Frissonnant, pourquoi? je l'ignore, je regardais le ciel, les arbres, l'étang.

Il dormait, mais il vivait. Je devinais qu'une agitation sans trêve était en lui, révélée à l'extérieur par le frissonnement des joncs; des visions étranges le hantaient intérieurement, rêves ténébreux de cette eau endormie dont la respiration, parmi les roseaux, râlait douloureusement. Quelque chose d'inquiétant et de fascinant gisait dans cette mare; mon âme suivait le reflet de ses propres ténèbres dans la profondeur de ce miroir noir.

Près du bord le plus rapproché de la maison, les joncs étaient très-touffus; leurs pointes, inclinées et relevées ensemble sous le même souffle, formaient une noire surface mouvante qu'assombrissaient encore les ombres des arbres prochains. Était-il bien possible cependant que la *chose* que je voyais maintenant se balancer à la cime des roseaux ne fût que le reflet d'un arbre? Je distinguais parfaitement un corps et une tête gigantesques, lentement remués comme ceux d'un géant endormi au bercement d'une eau ténébreuse; et deux bras terribles s'étendaient longuement du côté de ma fenêtre.

Je faisais de vains efforts pour m'éloigner de la croisée; plus puissante que la mienne, une volonté mystérieuse me clouait à ma place. J'étais très-attentif. A quoi? Je ne savais pas, à quelque chose qui allait se passer. Il allait se passer quelque chose, certainement.

J'entendis un petit bruit au-dessous de la fenêtre, et je baissai la tête. Le long des murs, je ne sais quoi de blanc, de furtif, de rapide, comme un linge envolé, se dirigeait vers l'étang. C'était une femme, ou son spectre. Un instant, cette forme vague s'arrêta et se retourna. Sous le pâle rayon d'une seule étoile, j'aperçus un visage et je le reconnus. Est-ce que je devenais fou? Je reconnus le visage du portrait. Cette forme, c'était Madeleine.

Tandis qu'elle se rapprochait de l'étang, le vent avait dû varier de direction, car les joncs qui, tout à l'heure, s'inclinaient du côté de ma fenêtre, s'abaissaient maintenant à la rencontre de la jeune fille, et c'était vers elle que s'é tendaient les longs bras de l'Ombre bercée à la cime des roseaux. Madeleine semblait hésiter, en proie à une émotion violente. Tantôt elle s'élançait vers le fantôme de l'étang, tantôt elle demeurait immobile, et l'on eût dit qu'elle allait revenir sur ses pas ; mais bientôt elle reprenait sa course interrompue, et déjà elle atteignait, parmi l'enchevêtrement des arbres, le point obscur et douteux où la terre allait devenir l'eau. Au bord de la mare, et presque à la portée des bras fantastiques qui s'efforçaient vers elle comme pour l'enlacer, elle fit halte, toute blanche. Au ciel il n'y avait qu'une seule étoile ; il y avait une étoile aussi dans l'étang.

Cependant je ne rêvais pas et je voyais cela.

Longtemps, longtemps elle demeura indécise, et parfois elle voulait s'enfuir vers la maison ; mais plus souvent, éperdue, frémissante sous la brise dans ses habits de morte ou de fiancée, elle tendait les bras vers l'Ombre, qui l'appelait silencieusement.

Enfin, elle s'élança dans l'étang, dans l'affreux étang. Elle devait avoir de l'eau jusqu'aux hanches car je n'apercevais plus que la blancheur de son buste ; elle s'avançait toujours vers l'Ombre, et l'Ombre aussi s'avançait vers elle. Puis, je ne vis plus que sa tête de temps en temps apparue dans l'épaisseur des roseaux ; puis je ne vis plus rien. Mais les joncs râlaient plus douloureusement, froissés, courbés, écartés ; le fantôme, qui suivait le mouvement de leurs cimes, s'écartelait de telle sorte que souvent sa poitrine était emportée d'un côté tandis que ses jambes s'éloignaient de l'autre ; et ses bras, comme s'ils enlaçaient dans la mare quelque proie enfin saisie, disparaissaient tout à coup dans une large scission des roseaux.

Il était évident que Madeleine se noyait ; dans cette eau noire, affreuse, abjecte, elle se noyait. Je ne la voyais pas, mais, à coup sûr, je l'aurais entendue crier, si l'eau affreuse n'avait rempli sa bouche. Oh ! l'horrible mort ! les pieds s'enfonçant dans la fange humide du marais et les mains vainement accrochées aux appuis fugitifs des joncs ! Peu à peu les mouvements devinrent plus rares, plus saccadés, moins prolongés ; Madeleine expirait sans doute. De nouveau le vent agita seul les grandes herbes sonores, et je vis se reformer lentement le fantôme démesuré sur la surface de la noire verdure.

Le lendemain, au déjeuner, je mangeai peu et ne parlai guère ; le régisseur me demanda quand il me conviendrait de visiter le domaine.

« A l'instant même, répondis-je, car je repars ce soir. »

En nous dirigeant vers l'étang, je remarquai dans la forêt un vieux pan de mur en ruine.

« Qu'est-ce que cela ? demandai-je.

— C'est tout ce qui reste d'une ancienne chapelle, répondit M. Chartier. Votre père admirait beaucoup le vitrail qui représente un apôtre tendant les bras vers le ciel. »

Le régisseur ajouta :

« Quand la lune se lève derrière le vitrail, elle projette l'image de l'apôtre en prière sur les roseaux de l'étang ; quelquefois, la nuit, c'est terrible. »

Comme M. Chartier achevait cette phrase,

je me sentis les genoux frôlés par quelque chose de furtif, de léger, de mou ; je crus qu'un chat passait entre mes jambes. C'était une serviette encore humide, détachée, par le vent, d'une corde à sécher le linge qui était tendue à quelques pas de nous, entre deux arbres, devant la maison.

« Ah ! parbleu ! m'écriai-je alors en moi-même, il faut convenir que la fièvre et l'insomnie avaient fait de moi un grand sot ! J'ai pris pour une femme vêtue de blanc quelque nappe ou quelque jupe emportée par la bise, et pour un fantôme le reflet d'un vitrail sur les herbes ! »

Et je me mis à rire pour me rassurer tout à fait. Je n'avais jamais ri de si bon cœur, de moi du moins. En réalité, j'étais tranquille. Cependant, à cause de quelques affaires qui me revinrent alors en mémoire, je partis pour Paris le jour même, avant le soir.

Trois années s'écoulèrent. J'avais vendu le domaine des Aulnes à une compagnie d'industriels qui tentait d'assainir le pays en desséchant les marais. Je ne pensais plus à mon séjour dans la triste maison, sinon la nuit, quelquefois, très-rarement, pendant les heures mauvaises où l'on voudrait dormir, lorsqu'un jour, dans une gazette ouverte au hasard, je lus le fait-divers suivant :

« Dans la malsaine contrée de***, dont les habitants commencent à jouir d'une meilleure santé, grâce au desséchement des marais, entrepris par une célèbre société philanthropique, se trouve encore un vaste étang qui fait partie d'un domaine connu sous le nom de domaine des Aulnes. Cet étang est fameux dans les superstitions du pays. Il s'y montre chaque nuit, dit-on, un gigantesque fantôme qui se berce lentement à la cime des roseaux. Quelques personnes éclairées ayant supposé que ce prétendu fantôme n'était autre chose que le reflet d'un ancien vitrail enchâssé dans une muraille voisine, on a démoli la muraille ; mais, au dire des gens du lieu, le fantôme n'a point cessé d'apparaître chaque nuit. »

« Il n'a pas cessé d'apparaître ! » répétai-je en frissonnant ; et, ramassant le journal, que dans mon trouble j'avais laissé choir, je me remis à lire d'un œil fébrile :

« Ce qu'il y a de certain, c'est que, dernièrement, pendant que des journaliers travaillaient à l'assainissement de ce marais, l'un d'eux, qui roulait des pierres près du bord le moins éloigné de la maison de M. Chartier, régisseur du domaine, a découvert parmi les roseaux, et profondément enfoncé dans la vase, un squelette absolument dépouillé ; il a été reconnu depuis que c'était le squelette d'une jeune femme, dont la mort doit remonter à trois ou quatre ans. »

Oh ! dans combien d'effroi s'évanouirent à cette lecture mes convictions antérieures ! Ce n'était pas un linge en fuite sous le vent, cette forme hésitante et blanchâtre que j'avais vue de ma fenêtre, c'était Madeleine elle-même, entraînée dans l'étang vers un réel fantôme !

Mais la mort de Madeleine avait eu lieu sans doute un mois avant mon arrivée dans la funèbre demeure. Quelque volonté obscure m'avait donc accordé pour quelques heures une détestable puissance de vision rétrospective; ou peut-être les morts sortent-ils quelquefois de leurs ténèbres, la nuit, pour venir rejouer sur la terre la scène lamentable de leur agonie.

Avril 1867.

L'HOMME

A LA VOITURE VERTE

L'HOMME A LA VOITURE VERTE

Je vais vous raconter une aventure qui m'est arrivée il y a deux ans. Je dois le dire tout d'abord : les personnes nerveuses qui se réjouissent d'être impressionnées par la rapidité des événements et l'imprévu des complications, ne trouveront point leur compte ici. J'exposerai avec simplicité, comme elles ont été faites et dites, les choses que j'ai vues et entendues ; le lecteur sagace m'excusera si les exigences de mon récit m'obligent à parler tout d'abord de moi-même.

Le jour où mon père estima que j'étais muni d'un nombre suffisant de diplômes, il me fit venir dans son étude (mon père est notaire à Dijon), et me dit d'un ton grave :

« Mon fils, vous avez vingt et un ans, je n'ai jamais eu à me plaindre de vous : vous êtes un honnête jeune homme. Vos professeurs m'ont toujours fourni bon témoignage de votre assiduité et de vos mœurs. Voici cinq cents francs. Vous quitterez Dijon dès demain pour aller où bon vous semblera ; je ne suis pas de ces pères qui contrarient la vocation de leurs enfants. »

Là-dessus mon père sortit. Je ne fus point étonné de sa conduite. Veuf depuis quelques années, il vivait en concubinage avec une servante qui lui avait donné plusieurs enfants. Il était naturel qu'il songeât à m'éloigner de sa maison ; ma présence l'empêchait d'accomplir le projet longtemps caressé d'un mariage avec cette fille. Il me donnait cinq cents francs, c'était peu, car il était riche ; c'était beaucoup, car il était avare.

Le lendemain je quittai Dijon, et, depuis lors, je n'ai pas revu mon père. Dans les premiers temps, j'ai quelque peu souffert de notre séparation ; maintenant, je ne songe plus à cela.

Le jour de mon arrivée à Paris était un jour de fête. Il y avait des drapeaux à un grand nombre de fenêtres et des verres de couleur destinés à être allumés le soir. Les rues débordaient de promeneurs ; les plus larges voies étaient impraticables, à cause de l'amoncellement des voitures et des piétons. Je fus ennuyé plutôt que surpris de ce spectacle nouveau pour moi. Toute la journée s'écoula en promenades insignifiantes. Le matin, j'avais déjeuné dans un lieu d'assez médiocre apparence ; j'y payai cher pour manger peu. Je dînai le soir au même endroit, de crainte, si j'allais ailleurs, de payer encore plus cher pour manger encore moins. Cependant la foule devenait de plus en plus compacte ; je me demandais quelquefois comment il se pouvait faire qu'il y eût assez de maisons à Paris pour loger tous ces gens-là. Je calculais aussi le nombre infini de tables et de chaises que devaient contenir les établissements publics où l'on donne à manger, pour que tant de personnes pussent s'asseoir à la même heure. En supposant enfin, disais-je, que chacun de ces hommes qui passent à côté de moi ait une maîtresse, ce qui n'est pas invraisemblable, il doit y avoir à Paris un bien grand nombre de femmes déshabituées de la vertu. Depuis, je me suis un peu accoutumé à la vie parisienne. Les difficultés, qui d'abord me paraissaient insolubles, se sont considérablement simplifiées à mes yeux; j'ai appris par expérience que beaucoup de gens mangent à la même table et aiment à la même femme.

Vers huit heures du soir, il était impossible de marcher sans écraser la bottine d'une promeneuse ou sans que le talon d'un homme aplatît vos chaussures. Il m'arriva même plusieurs fois d'être en même temps victime et bourreau : mon pied gauche subissant le poids d'un lourd badaud, tandis que mon pied droit faisait crier le cuir d'une botte étrangère. A un certain moment, la foule, semblable à une marée, m'emporta; je me trouvai dans un lieu plus spacieux et j'éprouvai un grand soulagement, bien qu'à vrai dire la situation eût été intolérable pour un homme qui n'eût point subi précédemment des gênes plus fortes. J'étais aux Champs-Élysées. Je vis des théâtres en plein vent où des femmes chantaient, très-décolletées et vêtues de robes étincelantes. D'autres, qui ne chantaient point, étaient assises en demi-cercle dans un décor qui représentait un salon plein de dorures. Ce spectacle, je ne sais pourquoi, me rappela l'attitude de certaines personnes dans des salons de province, que mes habitudes, d'ailleurs, m'avaient toujours empêché de beaucoup fréquenter. Outre les cafés-concerts, il y avait une multitude de baraques qui ne se trouvaient là qu'accidentellement et à l'occasion de la fête. Je remarquai aussi des divertissements publics tels que jeux du tonneau, billard chinois, toupie hollandaise; enfin, à l'angle de certaines allées, de grandes voitures, des voitures hautes comme des maisons, stationnaient, sans chevaux, on eût dit à l'abandon : c'étaient les domiciles vagabonds des saltimbanques, que l'espoir de quelques bonnes recettes avait amenés à Paris. Je pris plaisir à écouter le bavardage des pauvres diables qui essayaient d'attirer vers leurs tréteaux le peuple indifférent. Je visitai une ménagerie et un musée de figures de cire. Puis je vis le feu d'artifice, puis la foule s'écoula, puis je fus seul.

J'allais sous les grands arbres, songeant à l'avenir probable et ruminant les choses du passé ! Je laissais à Dijon un grand-oncle dont je devais être l'héritier et une petite cousine qui devait être ma femme. Depuis un an, je n'avais pas entendu parler de ma cousine; lorsque mon père me donna l'ordre de quitter la ville, je revenais du collége, et je n'eus pas le loisir d'embrasser Dorothée avant mon départ. — Elle se nomme Dorothée. — Et, maintenant, je croyais les voir tous les deux, mon oncle et ma cousine, passer sur les remparts où les gens de la ville, vers le crépuscule, ont coutume de faire des promenades; elle, rieuse et folle, et provoquante, et ne dédaignant point d'attirer les regards des officiers de cavalerie qui font cliqueter leurs sabres ; lui, grave et débonnaire. Dorothée portait une robe de jaconas aux dessins fleuris, qu'elle avait mise pour la première fois le jour de la Pentecôte; mon oncle avait sa grande redingote marron et sa lourde chaîne d'or. Oh! la chaîne d'or de mon oncle! J'avais toujours rêvé d'en faire un collier pour ma cousine Dorothée.

Tout en marchant, les yeux mi-clos, aux lueurs affaiblies des illuminations, je heurtai du pied un jeune garçon bizarrement vêtu, qui gisait à terre au pied d'un arbre. Brusquement éveillé, il fit avec beaucoup de grâce une évolution qui, en argot de gymnase, a nom *saut périlleux*, puis, retombé sur ses jambes :

« Qu'y a-t-il pour votre service ? dit-il en s'inclinant.

— Absolument rien. Vous dormiez, je vous ai éveillé ; je m'en vais, rendormez-vous. »

Je continuai mon chemin et repris ma songerie. J'avais à peine rejoint les personnages de mon rêve interrompu, lorsque j'entendis ces mots : « Monsieur, monsieur, monsieur ! » La voix qui les prononçait paraissait sortir de dessous terre. Je me retournai ; le jeune garçon marchait derrière moi, la tête en bas et les jambes en l'air. « Monsieur, monsieur ! » répéta-t-il. Cette fois, je fus au moment de redouter l'apparition d'un gnôme, habitant des profondeurs, tant le son venait de bas et de loin. J'avais affaire à un ventriloque distingué. Quand il supposa m'avoir suffisamment intéressé par ces diverses baguenauderies, l'enfant se mit à marcher à ma droite d'un air très-résolu.

« Que me voulez-vous ? demandai-je en souriant.

— Oh ! presque rien, dit-il. Vous voyez cette voiture verte qui est arrêtée là-bas, au coin de l'avenue de Marigny ? C'est la maison de mon maître. J'étais à la fois domestique et paillasse. La cuisine le jour, et le soir la parade. Mon maître fait un singulier métier. Il est très-savant. Il m'a renvoyé ce soir parce qu'il était ivre. Je n'ai pas dîné et je ne sais où coucher. Donnez-moi un gîte, et, si vous avez besoin d'un domestique, prenez-moi. »

Nous passions à ce moment devant un if dont les verres de couleur étaient encore allumés. Je pris plaisir à considérer mon compagnon de promenade. Il avait apparemment de treize à quatorze ans. Son front, doux et triste, se baissait avec mélancolie; mais, oh! les petits yeux d'espiègle! Ces yeux n'en avaient aucune; au premier aspect, on l'eût pensé du moins. Ils s'agitaient dans leurs orbites avec une incroyable volubilité; néanmoins il en tombait parfois un regard vague et pareil à celui d'un jeune veau; alors, leur fixité permettait de reconnaître leur nuance; ils étaient d'un bleu tendre. Mais bientôt ils reprenaient leur agilité première et la couleur en redevenait insaisissable, à travers mille jets rapides de lumière.

J'ai dit que le costume de cet enfant m'avait surpris.

C'était, comme forme et comme étoffe, l'habit ordinaire des paillasses forains. La couleur différait. Au lieu de composer un mélange régulier de carreaux blancs et rouges, les petites figures géométriques, exactement adaptées l'une à l'autre, étaient, celles-ci d'un noir lugubre, celles-là d'un blanc mat; au milieu de chaque place blanche, il y avait une croix dessinée à l'encre, et le centre de chaque carreau noir était occupé par une larme en papier d'argent. Ainsi accommodé, ce costume avait une sorte de gaieté lugubre ; il provoquait l'antithèse. C'était très-drôle et c'était très-sinistre. La joie involontaire qu'inspire la livrée de tout amuseur public se compliquait ici très-considérablement, et les deux couleurs, qui, rapprochées l'une de l'autre, troublent l'âme des plus indifférents, produisaient, employées de cette manière, une tristesse plus forte. La joie était renforcée d'une façon toute spéciale par l'effet du contraste, et, par l'effet du contraste aussi, la tristesse redoublait. Qu'un gamin de Paris, toujours à l'affût des distractions de la rue, par hasard se fût trouvé là, ce petit homme, accoutumé, par goût, à éclater de rire aux drôleries des saltimbanques et à suivre les corbillards, par désœuvrement, se serait longuement diverti à considérer le paillasse dont le vêtement raillait les choses mortuaires; et, aussi, une mélancolie l'eût pris à la vue des sombres emblèmes raillés par le costume. Il eût éprouvé le plaisir d'abord, ou d'abord la mélancolie, selon qu'il aurait premièrement envisagé l'habit ou les ornements qui le distinguaient; dans le premier cas, le plaisir eût redoublé à l'aspect des lugubres décorations; dans le second, la mélancolie se fût accrue quand il en serait arrivé à la contemplation du vêtement lui-même. Imaginez une grande coupe à moitié pleine de vin; ajoutez-y un verre d'eau pure: le vin ne paraîtra pas changer de nuance et le volume sera plus grand. Quant à moi-même, je m'étais laissé envahir par une certaine langueur à l'aspect du lugubre gringalet; ma tendresse naturelle pour les enfants m'empêchait de voir le côté ridicule qui pouvait être en celui-ci, et, malgré que j'en eusse, je ne pouvais me défendre de quelque miséricorde pour ce plaisantin qui, dormant tout à l'heure, simulait un cadavre enveloppé de l'étoffe sinistre, pour ce lambeau de drap mortuaire qui faisait le saut périlleux et me suivait en marchant sur les mains.

La coiffure du jeune garçon était en harmonie avec son habit; elle rappelait le petit chapeau de Louis XI. Des images religieuses, éclatantes de couleurs, pareilles à celles dont on amuse les enfants les jours de première communion, se faisaient voir dans les plis d'une ample casquette ronde, sans visière, et parmi les images s'élevait un crucifix de carton double, noir et blanc.

Tandis que je l'observais, l'enfant souriait d'un air humble et paraissait attendre une réponse.

Cependant j'étais en proie à une curiosité que les gens simples trouveront suffisamment motivée. Par quel caprice le petit saltimbanque portait-il un costume si peu conforme aux goûts de son âge? J'avais supposé tout d'abord qu'une industrie sinistre, pratiquée par son maître, l'avait contraint à le choisir.

J'interrogeai le petit homme.

Ses réponses me confirmèrent dans mes premiers soupçons; son maître lui-même l'avait contraint à revêtir ce costume. Dans quel but? L'enfant ne daigna point me l'apprendre.

« Il y a des raisons pour cela, disait-il.

— Quelles raisons ? »

Il se taisait.

Alors je consentis à lui donner un gîte, espérant qu'avec un peu plus de temps et de patience j'arriverais à connaître la vérité.

Nous nous dirigeâmes vers un hôtel de la rue Montmartre où j'avais eu soin, pendant mes promenades, de retenir un logement. Mais à peine étions-nous dans ma chambre que mon hôte s'alla jeter sur un fauteuil, où il s'endormit d'un sommeil profond. Je le secouai d'abord avec douceur, bientôt avec violence; rien n'y fit. Un léger ronflement fut la seule réponse que j'obtins. Je me couchai, non sans quelque dépit, à mon tour. A l'étage supérieur un piano jouait une valse, et bientôt, le sommeil s'étant appesanti sur mes paupières, je rêvai que ma cousine Dorothée, dans une salle de bal qui ressemblait à la fois à une baraque de foire et à un cimetière de village, sous les rayons de trois lunes fantastiques, exécutait des danses monstrueuses avec des paillasses en délire et des croquemorts échevelés !

A mon réveil, nouvelle déception. Je frottai mes yeux : le fauteuil était vide. Je furetai dans les plus petits coins : personne. Le rusé jeannin avait profité de mon sommeil pour s'enfuir. Je reconnus que j'avais été dupe, et cette pensée me fit entrer dans une grande fureur. Une chose me calma cependant : mes habits avaient été soigneusement époussetés et mes bottes resplendissaient tout fraîchement cirées ; ce sont là des attentions délicates auxquelles un homme bien né ne saurait demeurer insensible, et peu s'en fallut que ma rancune ne fît place à une gratitude profonde. En résumé, ce que j'avais de mieux à faire était de ne plus songer à mon aventure de la veille ; je n'avais aucune chance de retrouver l'enfant disparu ; puis, l'eussé-je retrouvé, il n'est pas douteux qu'il m'aurait échappé de nouveau. D'ailleurs, pensais-je, la curiosité qu'il m'a inspirée serait probablement déçue ; il n'y a point d'apparence que je sois réellement sur la piste de quelque merveille ; un saltimbanque, à bout d'expédients, aura composé ce costume afin d'allécher les badauds. Il est des imaginations si bizarres ! Puis, en supposant que cet accoutrement soit exigé par une profession, de cela même que c'est une profession il s'ensuit que ce doit être une chose très-connue, partant peu intéressante. Ce raisonnement était destiné à avoir un résultat diamétralement opposé à celui que j'en attendais ; l'humiliation de ne point connaître une chose que tous pouvaient savoir, redoubla mon désir de l'apprendre ; de telle façon que, bien résolu à m'occuper d'autres affaires, je ne songeai qu'au jeune paillasse, et que, vers midi, ayant oublié de déjeuner, je me trouvai au coin de l'avenue où stationnait la veille la grande voiture verte.

L'avenue était déserte ; la voiture avait disparu. Dans les allées voisines, des baraques subsistaient encore, les unes en démolition, les autres ouvertes aux curieux. Sur le tréteau extérieur de l'une de ces dernières, j'avisai un homme robuste, vêtu d'un maillot couleur de chair ; il mangeait du lard et des prunes, assis sur la grosse caisse destinée à étonner les oreilles de la foule. J'allai résolûment à lui, car j'avais enfin répudié toute honte. Je m'avouais à moi-même mon violent désir de retrouver le funèbre plaisantin, et ma curiosité, immodérément accrue, me rendait comparable à un enfant éloigné par jeu du sein de sa nourrice, à un chien privé d'un os demi-rongé.

« Monsieur, dis-je au saltimbanque, ne connaissez-vous point un jeune garçon de treize à quatorze ans, qui, sans nul doute, est employé chez l'un de vos confrères et qui est vêtu de telle et telle façon ? »

Je décrivis brièvement le costume du fugitif.

« Monsieur, répondit l'hercule, la femme sauvage est la septième merveille du monde ; quant à ceux qui ne reconnaissent point que le veau à cinq pattes et à deux têtes possède effectivement deux têtes et cinq pattes, ce sont des impudents et des imbéciles. »

Ayant fait cette belle réponse, il continua de manger sans plus s'inquiéter de moi.

Je repris mon chemin, et mon désir allait s'exaspérant.

Deux promeneurs bien vêtus marchaient devant moi : l'un d'eux, le plus jeune, parlait avec une grande volubilité. Chaque fois qu'il passait devant un spectacle forain, il ne manquait pas d'adresser quelques paroles amicales au maître de la vagabonde maisonnée ; celui-ci répondait avec un respect qui n'excluait pas la familiarité, et ils se quittaient les meilleurs amis du monde. Cet homme, qui avait d'ailleurs des manières courtoises, pouvait, grâce à ces relations, se trouver en mesure de me fournir des renseignements. M'étant approché de lui, je répétai la question que j'avais faite au saltimbanque. Il répondit :

« Monsieur, les baladins et les marchands de foire forment une classe d'individus qui n'a jamais été suffisamment étudiée. Les poëtes parfois, souvent les romanciers, y ont glané des inspirations et choisi des types ; mais les uns n'ont fait que revêtir d'un habit fantastique des imaginations vaines ; les autres ont à grand tort mêlé leurs héros à d'invraisemblables aventures. Un livre spécial, vrai, n'a jamais été tenté ; ce livre, je l'achève. On y trouvera des révélations inattendues et des anecdotes attendrissantes ; on y verra comme quoi le père et la mère d'un jeune monstre humain, remarquable par la prodigieuse quantité de viande qu'il avalait chaque jour, se sont vus réduits par la misère à le laisser mourir de faim. On apprendra cette chose qu'à Montrouge, pendant la foire, depuis deux jours, les animaux de la ménagerie n'avaient pas mangé, tant le montreur de bêtes féroces était pauvre, tant les recettes étaient modiques! Les bouchers, inexorables, refusaient tout crédit. Cependant il y avait dans la baraque cinq ou six personnes impatientes du spectacle promis. On ne paye qu'en sortant. Comment rassasier les bêtes, comment ne pas mourir de faim soi-même, si la représentation n'avait pas lieu? Alors, cet homme au vil métier, que la veille, dans la rue, j'eusse volontiers traité d'oisif et de lâche, pénétra sans frissons, n'ayant à la main qu'une frêle baguette, dans la cage des lions hurlants et des hyènes affamées! Vous le voyez, monsieur, mon livre ne manquera pas de quelque intérêt, et vous y trouverez certainement les renseignements que vous désirez. »

Là-dessus, l'ami des baladins me salua familièrement et reprit le bras de son compagnon.

O brûlants amoureux que l'espace ou la fatalité sépare de vos bonnes amies ! poëtes que la rime a résolu de fuir ! mères qui, dans le lit humide de vos sueurs d'agonie, attendez, frémissantes, le retour de votre fils ! étoiles dépareillées qui déplorez la disparition d'une sœur abîmée dans le néant obscur ! verts oiseaux d'Amérique à la queue longue et bifurquée, qui regrettez votre inséparable envolée ! ô vous tous qui portez dans votre âme l'impatience de la mort ou de l'insaisissable joie, vous tous qui nourissez ce vautour implacable, le désir du dénoûment, j'ai compris vos douleurs, et je me suis repu de vos angoisses. Et toi, centuple aïeule de mon amie, adorable mère Ève, oh ! j'excuse ta faute si heureusement expiée ! et toi, Psyché miraculeuse, éternelle fiancée de l'éternel Eros, je conçois le désir qui te fit écarter le voile nocturne de ton amant, et je vous plains, belle âme languissante, de n'avoir pu réaliser tout entier votre rêve curieux. Hélas ! hélas ! toujours quelque chose s'oppose à la satisfaction des grandes curiosités ! Tantôt c'est une lampe imprudemment penchée, tantôt la réponse bourrue de quelque saltimbanque. Oh! la maudite goutte d'huile!

Tout à coup, — j'étais bien sûr de ne pas m'être trompé! — tout à coup, derrière un arbre, là-bas, je le vis. C'était lui, lui, oh! bien lui, avec son habit noir et blanc, avec les petites croix et les larmes d'argent, et les images saintes et le crucifix en carton double, noir et blanc. Il était seul, tout seul, et il marchait sur les mains et il faisait le saut périlleux. Pour qui? pour quoi? Pour rien, pour le plaisir. Ah! la foudre est lente et le vent est tortue! Plus rien. Une voix rit, qui sort de dessous terre. Où est-il? Je deviendrai fou.

Alors je fus sur le point de pleurer. Cet aveu paraîtra sans doute ridicule à ceux qui ne se sont point trouvés dans une situation analogue à la mienne; mais, on le sait, le plus futile désir, lorsque son accomplissement semble devenir impossible, produit d'affreuses impatiences et par suite de lourdes tristesses. Cependant je me résignai à ne point voir le petit saltimbanque, mais je fis tous mes efforts pour continuer à l'entendre. Par moments, des sons parvenaient à mon oreille, facilement reconnus ; je n'osais les suivre, connaissant qu'ils sortaient de la bouche d'un ventriloque ; toutefois, je me retournai. Ah ! double brute, de ne pas m'être retourné plus tôt ! A quelques pas, derrière une rangée de gros arbres, stationnait l'énorme voiture verte, et, penché sur la galerie de bois qui formait le devant du siége, l'insaisissable gringalet, la trompette à la main, se démenait et criait à la grande satisfaction de trois ou quatre badauds ! J'eus une immense joie ; et vous n'hésiterez point à croire que je me hâtai de prendre place parmi les auditeurs. Hélas ! la parade était terminée et le paillasse se contentait de répéter : « Entrez ! on verra tout, pour quatre sous, pour rien ! » L'un après l'autre, les badauds s'éloignèrent, qui avec un mouvement d'indifférence, qui avec un geste d'horreur. Seul je mis le pied sur l'escalier ballant qui conduisait vers l'entrée de la baraque ; mais le jeune garçon, m'ayant devancé, me ferma brusquement la porte au nez. L'aventure devenait inexplicable. Cet enfant, dont c'était le métier de se montrer à tous, ne se dérobait qu'à moi seul ; cette voiture, à tous ouverte, pour moi seul se fermait. J'allais faire là-dessus de longues réflexions, lorsque je sentis une main s'appuyer sur mon épaule droite. Je me retournai, j'étais en face d'un petit homme très-vieux.

« Monsieur, dit-il, veuillez excuser les étourderies de mon domestique : c'est un enfant auquel un genre de vie très-bizarre inspire des idées très-bizarres aussi ; je vous présente mes regrets de sa conduite.

— Vous êtes le propriétaire de cette voiture ? m'écriai-je.

— Oui, monsieur. Que désirez-vous ?

— Je désire assister à votre spectacle.

— Eh quoi ! me prenez-vous pour un montreur de bêtes curieuses ou pour un exhibiteur de figures de cire ? »

Le vieillard eut un air si profondément indigné en prononçant ces paroles, que je demeurai tout interdit. Il continua :

« Je suis membre de plusieurs académies d'Allemagne et de trois sociétés savantes de

Norwége ; je n'ai pas consacré ma vie tout entière à résoudre les plus hauts problèmes scientifiques, pour qu'à mon âge un homme du vôtre vienne, presque chez moi, m'insulter de la sorte. Cependant — il s'était subitement radouci — je conviens que les apparences sont contre moi, et, dans l'intérêt de ma gloire, je veux bien vous expliquer les choses. Les travaux auxquels je me livre exigent des soins compliqués, et mon grand âge m'interdit d'y suffire ; j'ai dû m'adjoindre un aide ; l'enfant que vous connaissez remplit auprès de moi cet office avec le plus rare dévouement. Afin de satisfaire aux nécessités de la vie, il s'est créé une petite industrie : des débris de mes tentatives, des rebuts de mon cabinet, il a composé une collection suffisamment curieuse, qu'il fait visiter aux passants pour de modiques sommes. Nous allons de ville en ville à l'époque des fêtes publiques. Les voyages ne me sont pas importuns, et je vivrai ainsi jusqu'à ce qu'un peu d'argent, gagné ou prêté par une main généreuse, me fournisse les moyens de devenir à jamais riche et glorieux parmi les hommes. Quant au spectacle que montre Peter Klein (c'est le nom de mon domestique), je ne crois pas qu'il soit de nature à vous intéresser. D'ailleurs, Peter a conçu pour vous une antipathie qui lui rendrait votre personne tout à fait intolérable. »

Ma surprise était à son comble; les mille termites de l'impatience grouillaient dans ma tête et déchiquetaient en tous sens ma cervelle.

« Monsieur, dis-je tout à coup, je ne suis point riche; mais si quinze ou vingt louis pouvaient vous suffire et qu'il vous plût de m'associer à votre entreprise, je suis prêt à vous les offrir. »

C'était tout ce que je possédais; mais en ce moment, de quel sacrifice n'aurai-je pas été capable pour satisfaire ma curiosité?

« Vous excuserez ma défiance, répondit le petit vieux; plus d'une fois, j'ai été dupe de semblables propositions. Parlez-vous sérieusement? »

Je fis mine de tirer de ma poche la somme promise; il arrêta mon geste.

« C'est bien. Je vous crois, venez. »

Cela dit, il se dirigea, moi le suivant, vers l'arrière-train de la voiture. Durant ce trajet, je l'observai rapidement. C'était une face jaune et terreuse ; vous eussiez dit d'un parchemin. Cette face était décorée de petits trous et de petites bosses, comme un terrain non défriché, plein de mamelons et de cloaques ; au centre de chaque creux, au sommet de chaque renflement, une dartre se faisait voir, horrible et poilue. Il avait des yeux jaunes, sans flamme, la bouche grande, aux lèvres vertes, aucun cheveu. Son costume, très-sévère, se composait d'un habit noir râpé, mais évidemment entretenu avec le plus grand soin, et d'un pantalon de même couleur excessivement étroit ; ni gilet ni chemise, apparents du moins ; l'habit était boutonné jusqu'au haut. Mais ce qu'il y avait de vraiment remarquable dans l'aspect de cet homme, c'étaient sa démarche et ses mouvements ; il devait être en bois, et ses gestes semblaient être le résultat de quelque ressort ingénieux. Jamais le joueur d'échecs de Maentzel ne m'avait paru possible, je fus sur le point d'ajouter foi à un phénomène de mécanique tout aussi surprenant. Chaque fois que mon guide levait le pied pour marcher, le mouvement par un brusque soubresaut roidissait les mollets et pliait le genou ; ce premier temps accompli, la cuisse s'élevait à une hautenr médiocre, et la hanche surgissait comme celle d'un polichinelle de carton, quand on tire le fil. Lorsque le pied revenait à terre, une dislocation analogue avait lieu. Les bras et le reste du corps n'avaient pas plus de spontanéité dans leurs évolutions. Tout cela s'accomplissait avec une régularité solennelle et risible à la fois. La voix elle-même paraissait l'effet d'une machine propre à moduler des sons. Phrases courtes, paroles sèches; pas d'inflexion, ni lenteur, ni élan. Telle la note suit la note, inévitable et prévue, dans les orgues de barbarie; tel, dans cette bouche, le mot suivait le mot. Grâce à l'automate qui marchait devant moi, il fallut un assez long temps pour tourner la voiture; de seconde en seconde il s'arrêtait, non pour reprendre haleine (il était sans pouls), mais comme pour remonter quelque ressort détraqué. Cependant nous étions arrivés ; il ouvrit une porte, abaissa un marchepied, et nous entrâmes dans un lieu ou régnait l'obscurité la plus complète.

« Vous allez voir des choses très-surprenantes, » dit mon hôte.

A ces mots, une grande lueur envahit la chambre, une lueur sanglante, sinistre. J'eus peine à retenir un cri, car je voyais des choses terribles. Une femme se fût évanouie, un enfant serait mort. Des cadavres nombreux, adossés aux cloisons, m'entouraient ; des cadavres singuliers, jaunes, effrayants. Les uns éclataient de rire, les autres se tordaient dans des convulsions funèbres ; ceux-ci étaient nus, ceux-là richement vêtus. Il y avait des femmes couronnées de cheveux abondants ; il y avait des suppliciés sans tête. Une enfant se traînait à terre comme une limace ; des sorcières, mi-nues, chevauchaient des squelettes de bouc ; des larves et des stryges cramponnaient leurs ongles aux murs, et, sur leurs têtes, un vampire immonde agitait sans fin ses ailes fantastiques. O rictus effroyables ! épouvantables dislocations ! torsions inouïes ! ô laideurs ! ô horreurs ! tout cela paraissait vivre et s'agiter, et prêt à crier, et prêt à courir ; et cependant tout cela était mort, et rien ne remuait, et rien ne parlait, et rien ne marchait. Il me semblait même que les êtres que je voyais étaient moins que des cadavres. On eût dit d'un sabbat soudainement pétrifié au moment même de sa joie la plus effrénée. J'étais en face d'un néant plus farouche, plus profond que celui de la mort. Et dans chaque bouche sans dents, dans chaque orbite sans œil, quelque chose étincelait, qui rayonnait au dehors et au dedans des corps ; de là cette lumière qui avait brusquement envahi la chambre ; de là ce foyer rouge au ventre de chaque spectre, et ces flammes qui, pareilles à du sang, circulaient sous les peaux, et vers le bout des ongles ou des griffes j'aillissaient en éclairs ! Jamais rêve humain ne conçut une débauche plus horrible d'enfer et d'épouvante. Mes dents claquaient, je pensai mourir.

« Assez ! criai-je ; assez, assez ! »

Tout s'éteignit, tout s'évanouit. L'obscurité m'enveloppa.

« Ceci, dit le vieillard, n'est qu'une innocente fantasmagorie; vous allez voir maintenant la réalité des choses. »

Il alluma une lampe, et je distinguai trente ou quarante momies en bon état de conservation.

« Vous le voyez, reprit mon hôte, il n'y a rien ici que de très-simple et de très-normal; mais il suffit de quelques brins de phosphore allumés dans ces bouches et dans ces yeux, pour produire des effets fantastiques. Les cadavres placés à votre droite sont des momies naturelles, c'est-à-dire qu'ils ont atteint ce degré de sécheresse sans le moindre secours humain. Les momies naturelles doivent leur conservation à la chaleur ou au froid. Un voyageur succombe en traversant un désert sablonneux; le chaud soleil finit par faire s'exhaler en miasmes les humidités de son corps; il en résulte une momie d'une légèreté singulière. Remarquez ce monstre ratatiné, dont la barbe est intacte et dont le poignet disparaît dans sa bouche démesurément ouverte : c'est une momie du désert. Elle était pour une peuplade libyenne dont j'ai oublié le nom l'objet d'un culte particulier. Je l'ai dérobée au péril de ma vie : j'étais jeune quand je fis cette équipée. Je vous ai parlé de la légèreté de ces momies ; il suffirait d'un souffle pour renverser celle-ci. Mais il ne faut point croire que la momification par la chaleur, favorisée par les terrains sablonneux, soit impossible dans d'autres conditions. Au Mexique, à quelques lieues de Mexico, dans des plaines pierreuses, un combat eut lieu, au XVe siècle, entre les Mexicains et les Espagnols ; les morts furent nombreux ; aujourd'hui, le champ de bataille est couvert de cadavres pétrifiés. J'en ai rapporté ces deux Espagnols moustachus, dont la fière attitude révèle leur nationalité. Je mentionnerai seulement les caveaux de Saint-Michel à Bordeaux, les souterrains des Cordeliers et des Jacobins à Toulouse ; ce sont des choses que tout le monde a vues ; la conservation des cadavres y est due à la qualité spéciale du sol et à une température constante de dix-huit degrés centigrades. La neige produit des effets analogues à ceux du sable. Vous avez peut-être visité la morgue du mont Saint-Bernard. C'est une grotte à deux ouvertures ; les momies sont adossées au roc, et des courants d'air perpétuels favorisent l'évaporation des miasmes corrupteurs. Moi-même, en parcourant, le sac sur le dos, les montagnes glacées de la Norwége, j'ai découvert un grand nombre de momies ; vous pouvez voir ici celles qui m'ont paru les plus intéressantes. A vrai dire, la momification par le froid ne saurait être aussi complète que celle résultant de la chaleur. La chaleur dessèche à tout jamais ; le degré de sécheresse nécessaire à la conservation une fois atteint de cette manière, la momie demeure incorruptible en quelque lieu qu'on la transporte. Il n'en est pas de même dans l'autre cas : le cadavre se détériore dès qu'il cesse d'être en contact avec le réfrigérant conservateur. Avant de m'attaquer au grand problème que je devais résoudre, avant d'imaginer moi-même une méthode d'embaumement artificiel, j'avais dû observer les procédés de la nature ; ils me parurent tout à fait insuffisants. Les momies qui en résultent seraient des objets d'horreur ou de dégoût pour ceux-là même qui auraient le plus chéri les vivants. Je renonçai à imiter la nature, et j'étudiai les moyens de conservation usités chez les peuples primitifs. Trois sortes d'embaumement se pratiquaient dans l'ancienne Égypte. La momification par la dessiccation ou par la combustion portée à un certain degré était abandonnée aux gens d'un rang inférieur. Les personnes de la classe moyenne procédaient par l'immersion des cadavres pendant plusieurs mois dans des dissolutions concentrées de natrum ; retirés de ce liquide desséchant, les corps étaient remplis de myrrhe, d'aloès et de cinnamome. Les familles de haut rang observaient des rites plus compliqués : le cadavre était d'abord soigneusement dépouillé des parties intérieures, qui sont très-susceptibles de corruption ; les entrailles, enlacées d'herbes et baignées d'aromates, remplissaient un coffre en bois de cèdre que la coutume ordonnait de jeter dans le Nil ; on extrayait la cervelle par le trou occipital, quelquefois par les narines ;

ces préparatifs accomplis, la carcasse humaine prenait un bain de bitume; sursaturée de bitume, elle était enveloppée de feuilles d'or; des bandelettes de lin, enduites de gomme ou d'autres substances balsamiques, recouvraient les feuilles d'or; et les restes d'un homme qui avait été puissant reposaient, accommodés de la sorte, dans une caisse de cyprès ou de sycomore. Si je tenais à faire une nomenclature complète des procédés d'embaumement chez les peuples anciens, je ne devrais point omettre les Guanches, habitants des îles Fortunées. En ce pays, les momies se nommaient Xaxos. Comme les chartreux creusent leur fosse un peu tous les matins avant le déjeuner, chaque Guanche préparait chaque jour, en la faisant sécher au soleil, la peau de chèvre où il devait être enseveli plus tard. Le lendemain de la mort, les parents portaient solennellement le corps du défunt chez celui dont l'art était d'embaumer. Une table de marbre blanc, qui avait quelque ressemblance avec les tables dont on use dans nos amphithéâtres, était destinée à recevoir le cadavre. On disait des prières, puis, tous se retiraient. Alors l'embaumeur se servait d'un caillou nommé *taboua* pour faire une large ouverture au bas-ventre du sujet. Flux de sang noir, vomissement d'intestins, sacrilége et puanteur ! L'intérieur du cadavre était nettoyé comme un ustensile de cuisine, puis rempli d'aromates puissants. Un four chaud recevait les dépouilles ainsi déshonorées, et, quinze jours après, l'enterrement avait lieu dans des grottes inaccessibles. La mort se cachait dans la profondeur, le néant dans le néant. Il y a de ces grottes à Ténériffe. La plus célèbre est celle de Baranco de Herque, entre Ario et Guimar, au pays d'Abona. Elle fut découverte au temps où Claviso écrivait ses *Noticias*. On y compte plus de mille xaxos, et tous ont de la barbe, et tous ont des cheveux ! quelques-uns ont des ongles. Une odeur agréable s'en exhale. Je ne vous parlerai point des Persans, qui conservaient les morts dans le miel ou dans la cire ; des Romains, qui employaient une saumure comme pour les langoustes. Les Juifs seuls paraissent avoir dédaigné l'embaumement. Le mépris du corps, indice de force, distingue les peuples au cœur desquels a pénétré l'espoir d'une éternité vengeresse ou rémunératrice. Maintenant je pourrais vous décrire les procédés de momification usités pendant le moyen âge, et vous mettre au courant des découvertes modernes. Je n'ignore pas Tranchina, médecin de Palerme, qui eut l'idée d'injecter dans le corps un liquide conservateur au moyen d'une incision de la carotide; ni Bils, qui usa de supercherie; ni Charles de Maïto, qui inventa une saumure d'huile claire de térébenthine; ni les Hollandais Swammerdam et Ruysch, dont les procédés ont été perdus; ni les autres embaumeurs célèbres, ni ceux d'hier, ni ceux d'aujourd'hui. Mais je dois réduire la longueur de mon discours, afin d'en arriver plus vite à des choses qui, sans doute, vous intéresseront plus intimement. »

L'homme à la voiture verte se recueillit un instant.

« Qu'est-ce que toutes ces méthodes? reprit-il. Des imaginations plus ou moins ingénieuses. A quoi cela aboutit-il? A retarder de quelques jours, de quelques années, de quelques siècles au plus, l'anéantissement du cadavre. Est-ce là le but ? Non. La momie doit demeurer éternellement, et demeurer éternellement momie. Au jour du jugement, il faut qu'elle se relève momie. Ce résultat, nul ne l'a obtenu ; et, en supposant qu'on l'eût obtenu, à quel prix ce serait, grand Dieu ! Entailles sacriléges dans le bas-ventre, incisions odieuses de la carotide, voilà ce qu'on a trouvé de mieux. Je préférerais être déchiqueté par le scalpel d'un étudiant en médecine, que d'être embaumé de la sorte. Et voilà, en vérité, de belles momies ! Regardez : plus de chair, du sable dur ; plus de peau, du parchemin ; plus d'yeux, rarement des cheveux, pas toujours des ongles. Pis qu'un cadavre. La perpétuité dans la conservation, le respect du défunt, la beauté de la momie : tel est le triple problème. Nul n'a osé le tenter. Je l'ai résolu. »

Le petit homme allait et venait tumultueusement. Ses mouvements se suivaient l'un l'autre avec une régularité très-précipitée. Les temps d'arrêt étaient presque imperceptibles, tant ils étaient brefs. La mécanique était à son paroxysme. La voix avait toujours la même roideur ; mais les paroles, toujours avec le même manque d'imprévu, suivaient impétueusement les paroles, comme les notes suivent les notes, quand le joueur d'orgue, impatient de déguerpir, tourne avec fureur la manivelle de bois. Cependant, devenu plus calme, il dit : « Venez, « vous allez voir. »

Je le suivis dans un petit cabinet tendu de perse jaune. Un œil-de-bœuf laissait pénétrer un faible jour. Sur des planches de cyprès, un cadavre de femme reposait, vêtu selon les modes orientales. Des paillettes d'or, agitées au moindre souffle, décoraient sa jupe et son corsage. Un voile était sur sa face.

« Huit mois se sont écoulés, reprit le vieillard, depuis que j'ai expérimenté ma découverte sur ce corps. La conservation est parfaite. Les formes sont demeurées intactes. La souplesse de la peau n'est comparable qu'à celle d'une peau vive. La chair est ferme ; point de parfums ; l'odeur naturelle. Une certaine chaleur se maintient dans les membres. N'est-il point vrai que voilà l'image exacte de la vie et que le voisinage de ce Xaxos serait dangereux pour tous autres qu'un enfant et qu'un vieillard? Selon toute apparence, le problème est résolu. »

Je demeurai stupéfait. Cette momie était une chose miraculeuse. L'immobilité de la gorge, la roideur des doigts, une certaine rigidité dans la pose, révélaient seules que c'était là un cadavre. J'eus envie de le toucher. L'homme à la voiture verte me le permit. En appliquant ma main sur une épaule, je m'aperçus qu'il avait été un peu loin relativement à la chaleur qu'il affirmait s'être maintenue dans les membres; le corps était bien enveloppé de ce froid qui indique l'absence de la vie.

« Il est certain, dis-je après quelques instants de contemplation, que vous avez fait une découverte singulière. Pourquoi ne soumettez-vous point cette momie à l'appréciation des corps savants?

— Hélas! répondit le vieillard, on ne saurait atteindre le but du premier coup. Ce Xaxos n'est point parfait. Une teinte jaune, que vous avez dû remarquer, couvre la peau du cadavre, et de jour en jour devient plus apparente ; ce léger défaut pourrait paraître très-grave aux yeux de certaines gens. Je sais d'où provient cette imperfection ; ma prochaine momie n'en sera pas entachée. J'attendrai, pour soumettre mon système aux hommes compétents, d'avoir fait une seconde expérience.

— Et c'est pour cette expérience qu'un peu d'argent vous est nécessaire ?

— Pour cela même. »

Je songeai quelques instants. Il y avait sans nul doute de grands profits à retirer de l'invention du vieillard, une fois qu'elle serait connue et approuvée par les académies ; mais je me souciais peu de devoir ma fortune à une industrie (au bout de quelques années, ce ne devait plus être qu'une industrie) touchant aux choses religieuses de la tombe. L'homme à la voiture verte fixait sur moi des yeux éteints.

« Je sais où trouver un beau cadavre d'homme, dit-il. Aujourd'hui, je le ferai transporter chez vous dans une malle, et, cette nuit même, je vous révélerai mon secret. »

Il se tut pendant quelques secondes, puis il ajouta :

« Voulez-vous me donner l'argent? »

Je lui remis quatre cents francs, et j'allais me retirer, ayant laissé mon nom et mon adresse, quand un soupçon me vint. Je n'avais pas vu le visage de la momie ; j'en fis l'observation.

« Eh quoi! ne vous l'ai-je point montré? C'est la partie du corps le plus admirablement conservée. »

Le voile fut retiré. Je me penchai curieusement.

Ici, j'ai à vous dire une chose si étrangement terrible, si cruellement invraisemblable, que je crains d'être accusé d'artifice par la plupart de ceux qui me lisent.

Le cadavre étendu devant moi était celui de ma cousine Dorothée.

A la vue de ma cousine Dorothée morte et embaumée, je ne poussai pas un cri, je ne versai pas une larme. La surprise fit du tort à la douleur. Les traits de mon visage témoignèrent seulement d'une stupéfaction profonde ; de telle façon que le vieillard me dit :

« C'est admirable, n'est-ce pas ?

— Admirable, en effet, répondis-je. »

Puis j'ajoutai d'une voix à peine tremblante :

« Où avez-vous pris ce cadavre ?

— Je l'ai trouvé sur les bords d'une petite rivière, en allant à Dijon pour la foire. Selon toute apparence, c'est le cadavre d'une jeune fille noyée que les flots avaient déposé sur la rive. »

Cette fois, l'émotion me saisit à la gorge. Je n'aurais pas pu ajouter une seule parole. J'étais sans pouls. L'homme à la voiture verte me poussa vers la porte en disant : « A ce soir. » Je fis de la tête un signe d'assentiment, et je m'élançai hors de la baraque. Je me mis à courir sans direction le long de l'avenue des Champs-Élysées. C'était l'heure où les personnes riches vont au bois. On dut me prendre pour un fou. Fou, je l'étais en effet. Mille pensées diverses tenaillaient ma cervelle. Des lames déchiraient mon cœur. Je courais toujours. Je ne sais jusqu'où je serais allé, si je n'avais rencontré un banc contre lequel, sans le voir, je heurtai violemment mes genoux. Je me fis grand mal et la douleur me contraignit à m'asseoir. Alors je me répandis en larmes abondantes. Je me rendais à peine compte de ce qui s'était passé. Je revoyais ma cousine vêtue en bayadère, immobile sur les planches de cyprès, dans le petit cabinet tendu en jaune. L'homme à la voiture verte était couché à côté d'elle et lui parlait d'amour. Qui sait? Peut-être existait-il d'inexprimables liens entre ce cadavre soumis à d'infernales incantations et le magicien qui l'avait à jamais enseveli dans cette mort si semblable à la vie. Je ne m'explique pas pourquoi, en ce moment, mon désespoir se compliquait de jalousie et de haine. En somme, telle qu'elle était, cadavre, momie, ma cousine était belle. Cet homme n'était pas si vieux et si décrépit qu'on l'aurait pu penser au premier abord. Je l'avais vu s'animer d'une façon singulière. Ce n'était pas à cause des teintes jaunes dont elle était envahie que cette momie ne lui paraissait point bonne à être confiée à

des mains étrangères ; il ne voulait point s'en
séparer, parce qu'il l'aimait. Puis je revis, à
travers les resplendissements sombres que formaient mes cils rapprochés et luisants de larmes, les mille fantasmagories de la chambre
noire. Les sorcières s'asseyaient familièrement
sur mes épaules ; elles appuyaient sur ma bouche leurs bouches illuminées par le phosphore,
tandis que les boucs me tiraient par les pans
de ma redingote. Le vampire m'éventait de ses
ailes sinistres. J'assistai à la rencontre des
Mexicains avec les Espagnols. J'étais Espagnol.
Je tombai mort. Longtemps je demeurai immobile, longtemps, très-longtemps ; les jours
passèrent, puis les années, puis les siècles !
Je désespérais de me relever avant le dernier
jugement. Une grande roideur immobilisait
mes membres. Je ne pouvais pas toucher mon
corps, mais je sentais que j'étais desséché. Je
n'avais plus d'yeux, cependant j'y voyais encore. Un oiseau de proie s'abattit sur mon
ventre, qu'il s'efforça de déchiqueter ; mais il usa
son bec contre mon flanc pierreux, sans parvenir seulement à arracher un lambeau de ma

chair solidifiée. Survint un petit vieillard que suivait un paillasse habillé de noir et de blanc. Il m'examina longuement, me flaira, me retourna en tous sens et dit : « C'est bien. » Avec l'aide de son compagnon, je fus chargé sur ses épaules et transporté vers une grande voiture qui stationnait à quelque distance, et tandis que nous allions, des rondes infernales de spectres et de momies, d'hommes de neige et d'animaux empaillés, tourbillonnaient autour de nous dans les ténèbres.

L'abattement qui s'était emparé de moi m'avait procuré un étrange sommeil, voisin du somnambulisme et fécond en cauchemars. Combien dura mon rêve, je l'ignore, il fut horrible. Quand je m'éveillai, j'avais dans les mains des poignées de cheveux arrachés et des morceaux de toile déchiquetée. J'avais déchiré ma chemise, mordu les manches de mon habit, égratigné mon visage. Je saignais du nez avec abondance. J'allai vers le bassin du rond-point, et je frottai mon visage d'eau fraîche. Cela me remit un peu. Chose singulière ! j'étais bien sûr de m'être assis sur un banc, et je m'étais réveillé debout, appuyé contre un arbre. Qu'avais-je fait pendant mon sommeil? Le jour qui pénétrait dans mon esprit était encore obscur, et je ne percevais rien d'une façon très-claire.

La nuit était venue. On allumait les réverbères.

En somme, je n'avais jamais été profondément épris de ma cousine. Ç'avait été une amourette d'enfance, futile et très-superficielle, dont certainement, à Paris, j'aurais bien vite perdu le souvenir. J'aurais bien vite oublié nos petites causeries après le dîner, sur le pas de la porte, tandis que mon père et mon oncle prenaient le café dans le jardin. Les rêves que nous avions formés ensemble devaient s'évanouir tôt ou tard. Je lui avais fait des vers dont elle ne se souciait guère. Les lettres qu'elle m'avait répondues, écrites sur du papier rose, criblées de fautes d'orthographe, je les avais réunies dans un petit paquet noué d'une faveur bleue. C'était tout. Apprise dans des circonstances vulgaires, par une lettre, par un parent chargé en même temps d'autres messages, sa mort ne m'aurait que médiocrement touché.

Tel est le cœur de l'homme. J'aurais dit.
« Pauvre enfant ! » Puis je me serais souvenu
qu'elle était assez évaporée, ma cousine, et un
peu trop docile à mes conseils. En admettant
que, par miracle, j'eusse donné suite à mes
projets d'enfance, j'aurais bien pu m'en repentir, un jour ou l'autre. Mon oncle était si faible
et elle avait été si mal élevée, la petite Dorothée ! Mais dans les circonstances présentes,
j'envisageais les choses à un tout autre point
de vue. Le fantastique m'envahissait. Les plus
minces babioles recevaient une importance
merveilleuse, et il me sembla que la mort de
ma cousine me laissait seul et misérable comme
l'aurait pu faire la mort d'une femme ou d'une
maîtresse adorée.

Le matin, vous vous en souvenez, je n'avais
point déjeuné. L'heure du dîner était passée
sans que j'eusse pensé à manger. N'ayant pas
pris garde à ce dérangement survenu dans mes
habitudes, je considérais comme un effet du
désespoir les fortes douleurs que j'éprouvais
dans l'estomac, et, ainsi, je jugeai mon chagrin plus grand qu'il ne l'était en réalité.

Je résolus de chercher quelque distraction afin de me dérober au retour possible d'une crise. Je me dirigeai vers le boulevard et je pris une stalle dans je ne sais plus quel petit théâtre.

On donnait une féerie. L'affluence des spectateurs était grande.

Je ne me rappelle guère ce dont il s'agissait dans cette pièce. Il y avait de beaux décors et des changements à vue très-divertissants.

Après le premier acte, il ne me restait de mes émotions de la journée qu'un engourdissement de moins en moins sensible.

Je consultai ma montre. J'avais le temps d'assister au reste de la pièce sans dépasser l'heure du rendez-vous convenu entre le vieillard et moi. Ce rendez-vous, en somme, était ma grosse affaire. De là dépendait ma fortune. Déjà j'entrevoyais sous des couleurs moins lugubres la mort de ma cousine. Vivante, elle n'aurait pas été embaumée, et l'homme à la voiture verte n'aurait pu me convaincre de l'excellence de sa méthode. Il avait promis de m'apporter un bon cadavre. Je faisais une belle action en favorisant une entreprise dont la réussite ne pouvait manquer d'être agréable à la société. J'étais très-satisfait de moi-même.

Au second acte de la féerie, il y eut un ballet remarquablement ingénieux. Flore, la déesse des jardins, désire offrir la plus belle des fleurs à Miranda, la plus belle des femmes. La Rose, la Violette et le Lis se disputent le prix de la beauté et dansent tour à tour devant le trône de leur reine. Flore, également ravie par les charmes de ses trois sujettes, se trouve dans un grand embarras. Elle finit par lier ensemble les fleurs rivales au moyen d'une guirlande de lierre, et le bouquet vivant s'agenouille avec des poses languissantes devant la glorieuse jeune fille. Alors le parterre entier s'anime; des danseuses, en costumes fleuris, surgissent de tous côtés : c'est l'entrée du corps de ballet.

Et voici que j'ai poussé un cri terrible : ma cousine Dorothée est là, en costume de danseuse, figurant l'Immortelle, la pâle fleur des morts!

Brusquement je quittai le théâtre et je me sentais très-ému. J'avais des inquiétudes à propos de ma raison. On a vu des gens devenir fous à la suite d'aventures moins singulières. Un marchand de coco passait. Je bus coup sur coup trois verres de limonade. Reprenant alors un certain calme, je me disposai à rentrer chez moi. L'heure du rendez-vous ne devait pas être éloignée. Mais, ne connaissant point Paris, je m'égarai. Je dus plusieurs fois demander mon chemin. Enfin, après une heure de détours, je tirais la sonnette de mon hôtel.

« Ma clef? dis-je au concierge.

—Il y a quelqu'un chez vous, » répondit une voix maussade.

« Je suis en retard, » pensai-je, et je montai rapidement l'escalier. Mon appartement, — je l'occupe encore, — est au quatrième. J'arrivai hors d'haleine devant ma porte. Une crainte superstitieuse m'empêcha de l'ouvrir moi-même. Je fis du bruit pour annoncer ma présence.

« Entrez, » fit une voix connue.

J'entrai.

« Bonjour, cousin, » s'écria Dorothée en me sautant au cou; ma cousine Dorothée, vivante, bien vivante, en costume de danseuse, figurant l'Immortelle!

Je me laissai choir sur une chaise, muet d'étonnement et d'épouvante.

Dorothée m'expliqua tout. L'homme à la voiture verte avait profité de ma crédulité pour m'escroquer quelques louis. Quant à la cousine, elle avait quitté Dijon depuis un an au bras d'un officier de cavalerie qui l'avait amenée à Paris. Celui-là l'ayant abandonnée, elle en avait aimé un autre, puis d'autres. Devenue misérable, elle figurait pour de très-modiques appointements dans les plus petits théâtres des boulevards. Six mois durant elle avait posé dans des ateliers de peinture. Plus tard, elle s'était faite somnambule aux gages d'un escamoteur forain. Un beau jour elle en était arrivée à remplir les rôles de momie artificielle pour le compte de l'homme à la voiture verte.

« Ce matin, ajouta-t-elle, je n'ai point reconnu ta voix, mais, après ton départ, j'ai su ton nom. J'avais affaire au théâtre ce soir. Je n'ai pas même pris le temps de me déshabiller, et je suis venue te consoler de ta mésaventure. »

A vrai dire, j'éprouvais une grande honte de m'être laissé tromper ; d'ailleurs, je fus très-sensible à la perte de mon argent.

« Bah ! s'écria ma cousine en me prenant la main, tu n'avais pas grand'chose et tu n'as plus rien. N'y songe pas, et laisse-moi te dire une chose : Mon bon René, je t'aime ! »

Avril 1863.

LE DERNIER LONDRÈS

CONTE PARISIEN

LE DERNIER LONDRÈS

CONTE PARISIEN

I

Le boudoir de miss Eva était grand comme une alcôve et voûté comme une chapelle. A chaque angle du plafond, un vase de Chine balançait son ventre de chanoine et son cou de cigogne. Échappé du vase, un fouillis odorant de violettes et d'héliotropes décrivait des dessins fous le long des murailles tendues de soie rose-thé. La fenêtre se cachait sous d'épais longs rideaux ; dans un globe de verre opaque mourait une veilleuse si pâle, qu'elle servait non pas à voir dans l'ombre, mais à voir l'ombre même. Point de ces couleurs aiguës et tranchantes qui vous égratignent les yeux ; chaque aspect était une caresse. Point de fauteuils ; de hauts coussins sur un tapis de velours. Et il y avait tant de chatteries sensuelles dans le frôlement des tentures, de provocations amoureuses dans l'enivrement de l'ombre et des senteurs, de bonne fortune dans le désordre apparent des coussins, qu'une femme, et la plus froide du monde, étant en ce boudoir, même avec son mari, n'en fût sortie que la robe froissée et les cheveux dérangés.

Aux coins de la cheminée s'accrochaient deux mules de satin d'une exiguïté féerique. En vérité, ces mules en ont menti, et jamais il ne fut aussi petit pied de femme. L'une d'elles contenait de fines allumettes coiffées de soufre jaune, l'autre des cigarettes. Des cigarettes ? Mon Dieu, oui. Vous ai-je dit que miss Eva ne fût point une lorette ? Sur le tapis, quelques volumes, fines reliures mi-closes, une page en l'air, s'égaraient à côté d'un gant ou d'un mouchoir de dentelle à la trame laiteuse. Au coin du mouchoir, ces deux lettres brodées : M. E.; au-dessus d'elles une couronne de marquise. De marquise? Mon Dieu, oui. Vous ai-je dit que miss Eva ne fût point une grande dame ? Blottis sous les tentures comme des images de saintes dans des niches d'églises, une foule de petits miroirs biseautés rayonnaient çà et là.

Décidément, miss Eva est mieux qu'une lorette, plus qu'une grande dame ; c'est une jolie femme.

II

« Miss Eva, je vous aime.

— Le beau mérite, et combien je vous suis reconnaissante ! J'ai vingt ans, je suis belle, et vous m'aimez ! Comte, voilà qui est du dernier charitable.

— Miss Eva, je vous aime à en perdre la raison.

— Un jour, en Italie, je traversais un village, ma chaise versa. J'étais étendue sur la route, riant de ma mésaventure, lorsqu'un homme qui passait me prit dans ses bras pour me relever. Un mois plus tard, je revins dans ce village ; j'appris que cet homme était devenu fou.

— Miss Eva, je vous aime à me faire tuer pour vous.

— Un soir, à Madrid, je sortais de chez moi, un cavalier m'aborda brusquement et me dit : *Yo la amo a usted.* D'un geste, je lui montrai la fenêtre de ma chambre, au second étage d'une haute maison : « De pierre en pierre, de corniche en corniche, sans autre aide que vos mains et vos pieds, montez jusqu'à cette fenêtre, et, sur ma vie, si vous entrez dans cette chambre, vous n'en sortirez que demain. » Le cavalier se dépouilla de son large manteau, me le remit en disant : « *Hare, usted, de eso una alfombra para sus perros,* » et il s'élança. Comte, je ne sais comment il put faire, mais il atteignit au premier étage. Là, son pied glissa sur une pierre unie, et il se brisa le crâne sur les pavés. »

Après ce récit, miss Eva tourna légèrement la tête, et, regardant le comte pour la première fois depuis qu'il était entré, vit son front pâle, ses paupières meurtries, et qu'il avait le bras en écharpe

« Vous vous êtes battu, comte ?

— Oui, miss.

— Quand cela ?

— Avant-hier.

— Avec qui ? »

Miss Eva ne demanda pas : « Pourquoi ? » de crainte que le comte ne lui répondît : « Pour vous. »

« Avec qui ? répéta-t-elle.

— Avec M. Jacques Rum.

— Qu'est-ce que c'est que ce monsieur-là ?

— Un fou, qu'une excentricité a mis à la mode.

— Comte, vous mourez d'envie de me conter cette excentricité.

— Non.

— Si fait.

— Je vous jure...

— Est-ce long, votre histoire ?

— Je ne sais pas d'histoire.

— C'est différent. N'en parlons plus.

— La chose s'est passée il y a trois mois, à Naples, au théâtre Saint-Charles. On jouait *Ernani* ce soir-là, et la prima donna venait d'entrer en scène. Or ce monsieur Jacques Rum était l'amant de la doña Sol. « Monsieur, lui
« dit un Américain, son voisin de stalle, je
« vous donne ma parole que la diva chantera
« faux. — Monsieur, répondit notre homme,
« je vous jure qu'elle chantera juste. — Mon-
« sieur, reprit l'Américain, si je me trompe,
« je jetterai ce soir cinq mille dollars à la mer.
« — Si je me trompe, monsieur, riposta Jac-
« ques, je m'y jetterai moi-même, une corde
« au cou et une pierre au bout de cette
« corde. » La doña Sol chanta outrageusement faux. On alla sur le bord de la mer, on prit une pierre lourde, un pêcheur fournit une corde. Jacques se l'attacha bravement autour du cou, et se précipita. Quelques secondes après, on vit reparaître sur l'eau... devinez !

— On vit reparaître M. Jacques Rum, qui regagnait le bord à la nage. La corde avait cassé.

— Vous connaissiez cette aventure?

— Non, mais il devait en être ainsi. »

Et miss Eva se prit à rire.

« Vous disiez vrai, ce monsieur-là est fou. »

Puis elle songea :

« En vérité, je dois être folle aussi, car j'aimerais ce fou-là. »

III

Je ne sais rien de plus glacial qu'une statue. Ces prunelles sans regard, ces chairs sans frissonnements, tout cela est froid, tout cela est mort. Qu'un peintre s'éprenne de son œuvre, passe encore; la couleur est l'enseigne de la vie. Mais l'histoire de Pygmalion, cette fable qui court les mémoires, m'a toujours paru d'une invraisemblance insipide.

Il est des femmes statues et des Pygmalions bourgeois.

Dieu bénisse les buveurs d'eau!

Miss Eva était petite, membrue, ramassée comme un chat qui se pelotonne. Ses chairs, blanches, avaient des reflets d'argent doré, comme une jatte de lait au grand soleil. Elle avait la lèvre charnue, d'un rouge de morsure, et cependant la bouche merveilleusement petite, la joue un peu pendante et le nez correct. Des paupières napolitaines, qui semblaient taillées dans le zeste d'une orange, s'abaissaient sur de grands yeux bleus humides et rêveurs, tout pleins de mélancolie britannique. Type composé de tous les types, je ne sais quelle transition adoucissait dans sa physionomie les angles des contrastes, mais ce mélange s'épanouissait en une harmonie brusque, saisissante, pleine de surprise et de charme.

Pourquoi ce nom de miss? Mon héroïne était Française et doublement Française, étant Parisienne. Mon Dieu, parce que ce mot sonne doux à l'oreille comme un bruit de baisers, et que miss Eva serait morte de chagrin si elle se fût nommée Catherine ou Charlotte.

Miss Eva portait à l'extrême la sensitivité du goût. Comme cloîtrée entre les quatre murs de soie de son boudoir, elle s'y était fait une vie exquise de nonchaloir et de sybaritisme féminin. Elle se berçait dans son repos comme dans un hamac, elle s'y dodelinait comme dans un nid, ayant mis de l'ouate à toutes les fissures de son rêve opiacé, de crainte que la réalité ne vînt à souffler à travers ; évitant une disparate aiguë, une aigre saillie de ton dans le coloris uniforme de son existence, une fausse note dans le concert de sa quiétude, comme on évite un serpent ou un crapaud.

Douée au plus haut point de toutes les acuités de l'âme et des sens, les plaisirs de l'esprit avaient en elle des contre-coups physiques, et c'était pour cela qu'elle les recherchait. Elle n'eût point laissé passer un bon livre sans le lire, parce qu'un livre fait rêver et que la rêverie est douce ; de même qu'elle n'eût point regardé une fleur sans la respirer, parce que les parfums enivrent et que l'ivresse réjouit.

A courir sur une étoffe de soie, ses doigts blancs frissonnaient de plaisir; à frôler une robe de laine, en vérité, elle se fût évanouie.

La musique, qui est en somme l'expression la plus complète et la plus déterminée de la pensée humaine, à cause même de sa forme incomplète et indéterminée, miss Eva l'adorait. Une symphonie de Beethoven, un concerto de Mendelssohn la jetait dans un état pareil à celui d'Hassan, dans ces moments où il eût communié.

Ainsi faite, miss Eva avait eu des amants, certes, et beaucoup; tous elle les avait aimés, plus ou moins longtemps, non par entraînement de cœur ou de tête, mais par système, disant pour ses raisons que les joies bestiales sont insipides comme un plat sans épices, et que l'amour est chose fade sans l'amour.

IV

Miss Eva, restée seule, souleva les rideaux

de sa fenêtre pour voir s'il soleillait ou pleuvait, puis revint s'étendre sur ses coussins, emmaillottée dans son peignoir, la tête renversée en arrière, et ses pieds nus dans ses pantoufles roses.

Les mules de la cheminée n'avaient pas menti.

Elle alluma une cigarette, et, peu à peu, l'ivresse du tabac la prit, cette ivresse vague qui met l'âme et les nerfs sur le qui-vive des voluptés et ressemble à l'attente d'une joie. Et, d'instants en instants, elle tressaillait tout entière comme une corde sous l'archet; ses pommettes s'empourpraient; ses yeux, mi-clos comme une belle nuit à l'aube, rayonnaient doucement, et des gouttes humides perlaient au bout des cils, car l'amour a aussi sa rosée.

Elle songeait à l'original du théâtre Saint-Charles, se demandant quel hasard pourrait le rapprocher d'elle.

La portière du boudoir se souleva et une voix flûtée annonça : « M. Jacques Rum. »

V

Jacques avait vingt-six ans et cinquante mille livres de rente.

Il fumait de vrais havanais et montait des arabes pur sang.

Il s'habillait chez les meilleurs tailleurs de Londres et se déshabillait chez les plus jolies filles de Paris.

Aussi pensait-on de lui que c'était un homme heureux ; il n'en était rien : Jacques s'ennuyait profondément, étant ou se croyant blasé.

Si bien qu'un matin, le matin où commence cette histoire, il jugea à propos d'écrire à milady Marlowe, sa maîtresse, la lettre que voici :

« Milady et chère Juliette,

« Dans deux heures, il y aura exactement trois semaines que j'ai mis pour la première fois mes lèvres au bout de votre gant ; un gant à la nuance indécise et méchante, comme il n'y en a que sur vos mains.

« Dans deux heures aussi, il y aura exactement quinze jours que vous avez laissé tomber pour la première fois vos doigts nus sous mes baisers; de petits doigts à la blancheur rose, comme il n'y en a que dans vos gants.

« Vous aviez mis un semaine entière à vous déganter, semaine charmante, toute remplie des impatiences de l'attente et des coquetteries de l'incertitude.

« Après ces huit jours, manière de stage usité entre gens qui savent vivre, mais qui ne savent pas aimer, le charme se dissipa peu à peu, et nous avons cessé de nous plaire dès le soir où nous nous sommes prouvé que nous nous étions plu.

« Quand on cesse de se plaire, on est souvent près de s'aimer.

« Bientôt peut-être nous nous aimerions, et d'un amour d'autant plus tenace à nos vies et durable dans nos cœurs, qu'il serait éclos, non pas au grand soleil de la passion, mais dans la serre tiède de l'habitude. La lenteur dans le développement est une menace de longévité.

« Tu m'aimerais, Juliette, et je t'aimerais !

« Ah ! milady, quel scandale !

« Pour éviter ce dénoûment ridicule, je n'ai trouvé qu'un moyen : je vais me brûler la cervelle.

« Et comme ma mort est mon ouvrage, à vous, qui m'avez donné quelques jours de votre vie, je la dédie.

« Adieu.

« **J. R.** »

Cette lettre une fois écrite, Jacques s'approcha de la cheminée, tira d'une boîte en marqueterie un adorable petit pistolet anglais, l'arma froidement, et, s'étant aperçu que l'amorce était vieille, il la changea.

VI

« Bonjour, » chanta une petite voix dans l'oreille de Jacques, tandis qu'une petite main, comme par mégarde, retenait son bras déjà levé.

S'étant retourné, Jacques se trouva en face de Mlle Chérubin.

Entrée à pas de loup, elle était arrivée auprès de lui sans qu'il l'entendît venir.

Mlle Chérubin avait vingt ans : elle en vivait, sans songer que ce capital est le seul dont les intérêts diminuent à mesure qu'il augmente lui-même.

« Bonjour, fit Jacques avec humeur, par où êtes-vous entrée ?

— Par la fenêtre. »

Et la petite femme éclata de rire ; c'était une habitude chez elle.

« Je vous ferai remarquer, ajouta-t-elle, que vous me recevez fort mal. Vous ne m'avez pas même offert un fauteuil.

— Asseyez-vous.

— C'est déjà fait. Mon Dieu, comme les hommes sont ingrats ! J'allais essayer une robe ; en passant devant votre porte, je me suis souvenue que vous vous étiez battu, il y a quelques jours... A propos, vous n'êtes pas mort ?

— Pas encore.

— Comme vous dites cela ! Vous n'avez pas l'air gai, savez-vous ! Moi qui étais en humeur de rire, je me fais l'effet d'un couplet de vaudeville au beau milieu d'une symphonie allemande. Décidément, vous n'avez pas une figure naturelle, vous êtes malade, vous vous serez exposé à quelque grande passion et vous aurez attrapé une — élégie ! Prenez garde, c'est dangereux, cela. Est-ce qu'il y aurait du nouveau ? Non ? alors c'est le vieux qui vous ennuie. Vos amours avec milady...

— Chérubin !

— C'est juste. J'oubliais que nous autres, petites dames du demi-monde, nous n'avons pas le droit de regarder ni de nommer les grandes dames du grand monde, même quand nous les rencontrons sur notre terrain. Ah ! mon Dieu, contina Chérubin en feignant de voir pour la première fois le pistolet que Jacques avait placé sur la cheminée, l'adorable bijou que voilà ! Il n'est pas chargé au moins ?

— Non.

— J'ai aussi des petites choses comme celle-là, chez moi. Figurez-vous que, l'autre jour, j'ai visé, pour rire, une mouche qui se promenait sur un rideau ; crac! le coup est parti !

— Et la mouche, vous l'avez tuée ?

— Non, elle s'est envolée. »

En disant cela, Chérubin prit le pistolet, visa la glace, et pressa la détente.

La glace jaillit en éclats.

Chérubin riait aux larmes.

« Ah ! s'écria-t-elle, votre glace a fait comme ma mouche, elle s'est envolée !

— Vous êtes folle ! dit Jacques en lui retirant l'arme des mains.

— C'est vrai, je suis folle. »

Elle le regardait doucement avec ses jolis yeux tout humides.

« Voulez-vous que je vous dise une chose ? reprit Jacques après un silence.

— Non, je préfère la deviner. Voici cette chose : Chérubin, vous êtes bien gentille d'être venue ; allez-vous-en

— C'est cela.

— Je m'en vais. Aussi bien, j'ai ma robe à essayer. Du reste, vous n'êtes pas débarrassé de moi, je reviendrai vous voir dans un ou deux mois, si vous êtes plus gai. A propos, quand le beau temps sera revenu, faites donc mettre un arc-en-ciel à votre porte, pour avertir les gens. »

Chérubin disparut.

Resté seul, Jacques rechargea lentement son arme et songea.

Tout près de lui, sur un guéridon de laque, un porte-cigare entre-bâillé laissait voir le bout aminci d'un londrès.

Je ne sais si le babil de Chérubin avait égayé le spleen de mon héros.

« Bah! dit-il, encore un cigare! »

Il l'alluma, fit quelques tours dans sa chambre et sortit. Arrivé sous la porte cochère, il entendit Méhémet hennir dans l'écurie.

« Bah! dit-il, encore un tour au Bois! »

En galopant aux Champs-Élysées, il vit miss Eva rayonnante à sa fenêtre.

« Bah! dit-il, encore un amour! »

VII

Jacques entra dans le boudoir de miss Eva, saluant d'un air pressé, le cigare aux dents.

Miss Eva fit vers lui un pas de créole.

« En vérité, monsieur, je songeais à vous.

— Madame, répondit Jacques, je ne suis pas comme Xavier de Maistre, moi, je crois au Martinisme. Il se peut que nos pensées se soient rencontrées en Dieu, mais ce n'est point de cela qu'il s'agit. »

Miss Eva lui indiqua un coussin ; il s'assit.

« Madame, je n'ai pas de temps à perdre et je vais droit au but. Avez-vous jamais voyagé en diligence ? »

Miss Eva le regarda, surprise.

« Par pitié, madame, répondez-moi, les instants sont précieux, reprit Jacques en aspirant une bouffée de son cigare.

— Eh bien, oui, j'ai voyagé en diligence.

— Vous est-il arrivé de dîner dans une auberge de relais?

— Cela m'est arrivé, répondit miss Eva, de plus en plus étonnée.

— Avez-vous remarqué avec quelle précipitation les dîneurs se jettent sur les plats que leur apporte une servante entorchonnée, et vous êtes-vous demandé pourquoi cette hâte si grande ?

— Je vous avouerai, monsieur...

— Madame, reprit Jacques d'une voix tragique, c'est que le conducteur est là, derrière eux, impatient, qui leur crie : En route !

— Monsieur, est-ce à la fantaisie de me raconter vos impressions de voyage que je dois votre visite ? »

Jacques tira son pistolet de sa poche, et, montrant son cigare à miss Eva :

— Madame, quand le cigare que voici sera fumé, je me ferai sauter la cervelle. Un londrès orientalement savouré dure trente-sept minutes. Les huit premières minutes, j'ai galopé dans l'avenue, la neuvième, je vous ai vue, la dixième, je vous ai aimée, la onzième, je vous l'ai dit. En vérité, madame, il me reste vingt-six minutes à vivre. »

Jacques se tut.

Miss Eva...

VIII

Je demande la permission de glisser un petit monologue. La situation me paraît risquée et dénuée de toute gaze atténuante. Jacques a dit qu'il se tuerait dans ving-six minutes. Il se tuera, si miss Eva ne s'en mêle. S'il se tue, adieu mon roman. Partant, miss Eva s'en mêlera. D'autre part, si miss Eva s'en mêle, et elle n'a pas de temps à perdre pour cela, on va crier à l'immoralité, au scandale. Partant, miss Eva ne s'en mêlera pas. Diable! Si je demandais conseil à mon lecteur? Non, mon lecteur est peut-être un homme sérieux. A ma lectrice? Non, ma lectrice est peut-être bégueule. Ah! si je savais qu'en quelque lieu du monde il fût en ce moment deux êtres jeunes et beaux, réunis sous le même ciel de lit, le front appuyé sur le même oreiller blanc, s'aimant et se le disant, et lisant la folie que j'écris, et s'interrompant du livre pour le baiser, et du baiser pour le livre, c'est à eux que je demanderais conseil. Et ils me diraient : « Allez, allez sans crainte ! miss Eva est jeune et belle, Jacques est jeune et beau ; faites-les s'aimer, faites ! Quand Jacques est entré, miss Eva rêvait, disiez-vous, les yeux mi-clos, les joues empourprées ; faites-les s'aimer, faites ! Jacques va mourir ; c'est dommage qu'un homme meure quand il est plein de jeunesse et d'amour ; mais du moins qu'il ne meure pas sans aimer encore une fois ; faites-les s'aimer, faites ! Ne vous inquiétez pas de ce que diront les hommes sérieux et les femmes bégueules ; l'amour est chose bonne partout et toujours... » Là, ils s'arrêteraient pour se regarder et se dire : « N'est-ce pas ? » Et ils ajouteraient : « Faites-les s'aimer, faites ! » Ainsi ferai-je.

IX

..... lui prit le pistolet des mains, et le cigare de Jacques s'éteignit pendant le premier baiser.

X

>Une lune de miel n'a pas trente quartiers
>Comme un baron saxon.

Ceci est si rigoureusement exact, qu'après avoir passé cinq jours à dire à Jacques qu'elle l'aimait, et cinq nuits à le lui répéter, miss Eva, le matin de la cinquième nuit, s'avoua tout haut qu'il lui était complétement indifférent.

Or, Jacques s'était pris à aimer, naïvement et profondément, cette souple et brune créature.

Il lui avait sacrifié sa mort; il lui aurait sacrifié sa vie.

Il est vrai de dire qu'à sa vie il ne tenait guère; son cigare éteint pouvait se rallumer.

XI

Il y avait foule dans la salle à manger de Jacques, une pièce ronde meublée de vieux chêne et capitonnée de cuir mordoré; foule d'habits noirs et de robes de soie, parlant et riant comme on parle et rit lorsqu'on a passé trois heures à table, sexes entremêlés, et ne quittant le verre que pour faire place au baiser. La jaserie, de bouche en bouche, allait et venait avec tout le débraillé de l'ivresse. Chaque propos, chaque geste dégrafait d'un bouton de plus le corsage montant de la retenue, et la feuille de vigne que la convention met à la nudité des mots s'était depuis longtemps envolée au vent des éclats de rire. Les hommes, gilets entr'ouverts, à cheval sur les chaises, écoutaient, du milieu des flouflous de la soie, s'élancer, comme une fusée d'eau du centre d'un bassin frôlé du vent, le jet bruyant des gravelures, et, les yeux éblouis par cette chaude satyriasis que donnent les vapeurs vineuses et les senteurs féminines, voyaient, à chaque étage de la fumée blanche des régalias, de paresseux divans d'où les appelaient, couchées, celles de ces femmes qui leur plaisaient le plus. Les femmes, corsages bas, s'enfonçaient dans de larges fauteuils, et leurs bras nus, agités en l'air comme des ailes, se laissaient prendre de toutes parts à la glu des baisers. Croisant les genoux, elles cachaient le plus modestement du monde leur pied droit sous leur robe, mais la pointe de la bottine en relevait le dernier volant, et la jambe gauche dessinait nettement aux yeux la courbe élancée du mollet.

Peu à peu, la conversation, générale, bruyante, s'était divisée en petits susurrements de tête-à-tête, comme un fleuve qui se perd en ruisseaux.

Un homme de race aux fines allures, le vicomte de Lorsey, resté le dernier à table, jouait avec les cheveux défaits de Pervenche, — blonde frêle fille qu'on croyait poitrinaire, et qui n'était qu'Anglaise, — et mouillait les effilures des nattes blondes dans un verre de champagne rosé.

« Pervenche, disait-il, voulez-vous de mon coupé ce soir ?

— Vicomte, répondait Pervenche, voulez-vous de mon boudoir cette nuit ? »

M. Duruflet, un gros petit homme, chauve, aux lèvres d'idiot, aux yeux bombés ainsi que des boutons de livrée, au front concave, — comme si son cerveau avait rapproché ses parois pour combler son propre vide, — M. Duruflet, ancien chapelier, qui se ruinait avec des filles rue Breda, ayant femme et enfants rue Saint-Denis, écrasait à demi, sous son ampleur massive, une maigre et laide femme, et sur l'épaule de la lorette, comme un chien qui a des puces, frottait son cou d'apoplectique.

« Sarah, — demandait, en levant timidement la tête, un tout petit jeune homme blond, accroupi aux pieds d'une lourde et déjà vieille juive, aux formes puissantes de jument limousine, — Sarah ! que vous en coûterait-il, hein ? Une mauvaise nuit est bientôt passée. »

M. Paul faisait partie de cette classe nombreuse de pauvres diables, plus à plaindre qu'à blâmer, qui, se sentant au ventre les mêmes passions chaudes que les autres, et ne pouvant les satisfaire comme les autres, se font les parasites du bonheur qu'ils envient, et, tout à la fois vaniteux et rampants, amoureux et vils, attendent du bon plaisir d'un ami une place dans son coupé, du caprice d'une lorette une place dans son lit.

Sarah se souleva à moitié dans son fauteuil, et, découvrant en plein par ce mouvement sa poitrine abondante, considéra Paul de l'air dont une lionne doit regarder la proie qu'elle dédaigne ; puis elle se renversa brusquement en arrière, et la semelle de sa bottine souffleta la joue du petit homme.

« Prenez garde, Paul, cria M. Duruflet, du haut de cette pyramide quarante ans vous contemplent ! »

Cette plaisanterie d'arrière-boutique fit bondir Sarah, et ses épaules devinrent tout à coup rouges et sanguinolentes comme une langouste cardinalisée à la cuite.

« Où donc est allé Jacques? demanda Mlle Chérubin, qui songeait, sérieuse, dans un coin de la salle.

— Dans sa chambre, » répondit Laurian Moriss.

Parmi tous ces gens ivres, ou près de l'être, Laurian Moriss, un Allemand brun comme un Espagnol, avait seul conservé son sang-froid.

« Dans sa chambre, reprit-il, et je le vois d'ici. »

Laurian était en effet assis auprès d'une porte entre-bâillée.

« Que fait-il? demanda M. Paul.

— Vous ne le devineriez pas.

— Il dort? supposa M. Duruflet.

— Non.

— Je parie qu'il fait un sonnet pour Milady Marlowe? hasarda le vicomte de Lorsey.

— Non.

— Que diable peut-il faire alors? reprit l'ex-chapelier.

— Il se tue. »

Un éclat de rire allait accueillir la réponse de Laurian Moriss, mais son visage était froid et sérieux à tel point que le rire éclaira les lèvres sans éclater, comme dans une arme mouillée la capsule retentit seule et brille.

« Il se tue, continua Moriss, ou du moins il va se tuer. Il est assis auprès de son lit. Sur une table à côté de lui, il y a un pistolet tout armé. Jacques fume, et de moment en moment jette un coup d'œil à son armoire à glace pour voir s'il a bon air au moment de mourir. De la façon dont il regarde son cigare, on peut conclure qu'il s'est promis d'en finir quand il l'aura fumé; ce cigare en est à peu près au même point que le mien. Vous pouvez calculer combien il reste à Jacques de bouffées de fumée à jeter sous notre ciel. »

Laurian se tut. Le premier moment de surprise passée, tout le monde se dirigea vers la chambre de Jacques.

« A quoi bon? reprit Moriss en retenant Chérubin qui s'était levée la première. Un pas de plus, et vous rendez inévitable ce que vous voulez éviter. Pris en flagrant délit de suicide, Jacques y renoncera ce soir de bonne grâce ; mais de ce que tout le monde saura qu'il a voulu se tuer, il résultera qu'il faudra qu'il se tue. Jusqu'à présent, s'il renonçait à son projet, il n'aurait à se dédire que vis-à-vis de lui-même. Ne faites pas contracter à sa vanité la dette de sa vie ; je le connais, il la payerait.

— Vous avez raison, monsieur, » dit le vicomte de Lorsey sérieusemeut attristé.

Laurian aspira une forte bouffée de son régalia, et voyant que Chérubin le considérait en tremblant :

« Rassurez-vous, dit-il, il fume plus lentement que moi.

— Mais enfin, que comptez-vous faire ? » demanda M. Duruflet.

— Rien. Si je connaissais à Jacques une douleur violente, je m'opposerais à son dessein, je m'attacherais à ses pas, parce qu'on guérit d'une douleur ; mais Jacques ne souffre pas. Il veut se tuer parce qu'il s'ennuie. On ne guérit pas de l'ennui. A sa place je ferais comme lui. »

Le cigare de Laurian Moriss diminuait peu à peu.

« Voyez donc ! dit Chérubin.

— Je vois que la cendre tombe peu à peu de ce nouveau sablier et que Jacques n'a plus qu'un quart d'heure à vivre. »

C'était une étrange scène que celle-là : trois hommes à peine revenus à la raison, quatre femmes encore ivres, — à l'exception de Chérubin, qui, d'ordinaire, se grisait beaucoup plus avec le rire qu'avec le vin, — l'oreille tendue vers la porte, les yeux levés vers Laurian Moriss, qui écrasait de son flegme tous ces cœurs émus, qui glaçait de sa froideur toutes ces têtes chaudes.

Tout à coup, on entendit des pas dans la chambre.

« Il se lève, reprit Laurian, c'est bon signe ; il a besoin de donner du mouvement à son corps pour calmer l'agitation de son âme et ne point céder à la révolte de la vie contre l'anéantissement. »

Le bruit de pas cessa.

« Maintenant il est plus résolu, il se rasseoit ; c'est qu'il a résisté à l'assaut des souvenirs et des espérances. Il caresse son arme et la fait tourner entre ses doigts. »

Et comme Laurian sentait le feu du cigare se rapprocher de ses lèvres, il ajouta :

« Jacques n'a plus que dix minutes à vivre.

— Et vous croyez que je vais le laisser mourir comme ça, moi ! » dit Chérubin.

Elle s'élança vers la porte.

« Vous êtes une brave fille, dit Laurian, et vous seule pouvez le sauver. Essayez. »

Chérubin dit : « Merci, monsieur ! » et disparut.

XII

Jacques était assis, son cigare à la bouche, sa tête entre ses mains. Chérubin le regardait, presque accroupie. Cédant à cette tendance qu'a tout homme, au moment de mourir, de parler de ce qu'il va quitter, Jacques lui avait tout raconté : sa première tentative de suicide, sa rencontre avec miss Eva, leur amour, leur rupture qui datait de quelques heures à peine. Et Chérubin pleurait, voyant qu'il allait se tuer et se tuer pour une autre.

« C'est affreux ! » disait-elle.

Jacques se leva.

« J'ai rallumé mon cigare, dit-il, il faut en finir. »

Il saisit son pistolet.

« Oh ! s'écria Chérubin en lui sautant au cou, pas devant moi, pas devant moi !

— Eh bien ! allez-vous-en.

— Que je m'en aille ! il croit que je vais m'en aller pour le laisser se tuer à son aise !

— Il le faut.

— Non, il ne le faut pas. Je sais bien ce que je dis, peut-être. Jacques, je vous en prie, laissez-moi vous parler un peu, une minute seulement, et puis je m'en irai, si vous le voulez encore. Vous voyez que je suis bien raisonnable, puisque je vous promets de m'en aller. Il veut se tuer, mon Dieu ! Il y a des gens qui sauraient lui dire des choses pour l'en empêcher. Songez donc, Jacques, se tuer, c'est agir, c'est vivre encore, mais après, être mort, n'être plus ! c'est horrible de penser qu'on vous enterrerait. D'ailleurs, c'est lâche de se faire mourir; vous ne voulez pas qu'on vous traite de lâche, je suppose? Et, je vous le demande, pourquoi vous tuez-vous? Parce qu'elle ne vous aime pas, — vous le disiez tout à l'heure, — elle ne vous aime pas ! Est-ce qu'il est possible de ne pas vous aimer ? Vous aurez eu quelque querelle avec elle, et vous vous serez fait des idées, voilà tout. Vous vouliez ceci ou cela, elle ne le voulait pas, vous vous êtes emporté, cela arrive tous les jours. Les femmes ont des caprices parfois; on se dispute, on se dit qu'on se déteste, on s'en va; sont-ce là des raisons pour se brûler la cervelle ? Mais si on se tuait pour une querelle, on ne pourrait plus se raccommoder. Ah! mon Dieu, se tuer ! Jacques, elle vous aime, je vous dis qu'elle vous aime! »

Chérubin sanglotait.

« Tenez, j'en suis sûre, reprit-elle, en ce moment elle songe à vous. Il est bien tard, le jour va venir, elle ne dort pas. Voulez-vous parier qu'elle ne dort pas ? Elle se dit qu'elle a été mauvaise, qu'elle a eu tort, car elle avait tort, c'est certain ; mais il faut lui pardonner. Elle sera si heureuse que vous lui pardonniez, et vous aussi vous serez bien heureux. Elle vous en aimera davantage, et c'est bon d'être aimé. Vous savez cela, vous ; elle le sait aussi ! Vous voyez bien que vous ne pouvez pas mourir ; vous la feriez pleurer, et vous ne voulez pas la faire pleurer. Qui sait ? elle pleure déjà peut-être. Elle vous attend, elle regarde le lit ; elle se dit que si elle n'avait pas été méchante, vous seriez là. Et puis elle va voir l'heure, elle écoute si elle entend des pas dans l'escalier. Je le sais bien, moi ; nous sommes toutes comme cela quand nous aimons quelqu'un. Jacques, je vous en prie, allez-y ; elle vous aime, elle vous attend. Vous êtes fou de ne pas croire ce que je vous dis. Elle vous attend, allez-y, allez-y !

— Ah ! Chérubin, si vous pouviez dire vrai ! » répondit lentement Jacques. Et, comme il eût fait d'un enfant, il attira sur ses genoux la petite femme tout en larmes, mais rougissante de bonheur et frémissante sous cette caresse comme une corde au premier frôlement de l'archet.

Tout à coup, Jacques la repoussa brusquement.

« Vous avez raison, Chérubin, j'y vais. »

Il prit son chapeau et sortit.

« Comme il l'aime ! » sanglota Chérubin en s'affaissant sur le fauteuil que Jacques venait de quitter.

XIII

En quelques secondes, Jacques, qui logeait rue Royale, arriva aux Champs-Élysées. Il avait une clé de l'appartement de miss Eva. Il ouvrit la porte sans faire de bruit, traversa l'antichambre, le salon, le boudoir, et entra dans la chambre à coucher. Miss Eva dormait. M. le comte de Nangis dormait aussi. A côté du lit, sur une table couverte des restes d'un souper, deux bougies pâlissaient aux premières lueurs de l'aube filtrant à travers les persiennes. Jacques considéra pendant quelques instants sa maîtresse de ce matin auprès de l'amant de ce soir. Il détacha de son portefeuille une page sur laquelle il écrivit : « *Mes compliments, madame, il est bien mieux que moi. J. R.* » Il déposa la feuille sur le goulot d'une bouteille de lacrymacristi, et s'en retourna.

XIV

Un coupé était arrêté à la porte de miss Eva. Quand Jacques parut, la tête de Chérubin se montra à la portière et dit :

« Je suis venue vous attendre, montez.

« Eh bien ? demanda-t-elle, dès que la voiture fut en mouvement.

— Elle n'était pas seule.

— Ah ! Vous avez bien souffert ?

— Oui.

— Que s'est-il passé ?

— Rien.

— Que vous a-t-elle dit?

— Elle dormait.

— Et l'autre?

— Il dormait.

— Qu'allez-vous faire?

— Me tuer. »

Et sentant que le feu de son cigare lui faisait aux lèvres des piqûres de flamme, il se pencha en dehors de la voiture et cria : « Plus vite ! » Chérubin pleurait à chaudes larmes.

La voiture allait entrer dans la rue Royale. Depuis un instant, Jacques considérait fixement Chérubin.

« Chérubin, dit-il, aimeriez-vous voyager? »

— Je ne sais pas.

— Voulez-vous essayer?

— A quoi bon?

— Voulez-vous essayer, avec moi?

— Ah! mon Dieu, Jacques, que dites-vous là?

— Répondez-moi.

— Avec vous? si je le veux? avec lui! »

Jacques se leva.

« Bernard, à la gare de Lyon! »

Et, se rasseyant :

« Nous partirons par le premier train venu, et nous nous arrêterons n'importe où. »

Chérubin ne pouvait pas parler, tant elle riait.

« Étourdis que nous sommes, reprit Jacques, nous ne pouvons pas nous en aller ainsi.

— Pourquoi? demanda Chérubin inquiète.

— Mais il faut faire nos malles, ce me semble.

— Qu'à cela ne tienne, elles sont faites.

— Vous comptiez donc sur un voyage?

— Je le désirais.

— Eh bien, allons les prendre.

— C'est inutile, elles sont là.

— Où?

— Sur la voiture.

— Ma petite Chérubin, je vous adore! »

Et Jacques jeta son cigare par la portière du coupé.

« Ah ! dit Chérubin en lui sautant au cou, elle vous l'avait fait éteindre, et moi, je te l'ai fait jeter ! »

Décembre 1860.

SANGUINES

SANGUINES

I

Les Petites Bottes.

Ce sont de petites bottes qu'elle a mises le jour où elle s'est habillée en homme ; elle avait pris ce déguisement pour aller s'égarer, s'égarer Dieu sait où !

Je les ai placées dans une niche de plâtre, derrière un treillis d'or, ces chaussures mignonnes ; et si un visiteur : « Monsieur, qu'est-ce que c'est que cela ? — Monsieur, ce sont de petites bottes qu'elle a mises. »

J'avais toujours cru qu'elle ne me quitterait jamais ; mais les femmes changent d'amour parfois, chers petits cerveaux écervelés ! et je suis seul maintenant à me rappeler le jour où elle s'est habillée en homme.

Nous étions très-pauvres, ce jour-là, mais nous étions très-joyeux. Ah ! les jolies dents et le bel appétit qu'elle eut à déjeuner dans l'humble crèmerie de la rue Saint-Jacques ! Elle était toute candeur et toute amour. Hélas ! elle avait pris ce déguisement !

Voici trois ans qu'elle est partie, et moi, chaque soir, avant de m'endormir, je m'agenouille devant la niche de plâtre, et mon rêve chausse les petites bottes de la disparue, pour aller s'égarer, s'égarer Dieu sait où !

II

Les Neiges noires.

Comme Paris est vilain par un temps de dégel ! les filles qui passent piétinent dans la boue ; oh ! la mélancolique chose !

Les balayeurs, à chaque coin de rue, ont élevé des tas de neige où la roue des fiacres trace des sillons noirs ; comme Paris est vilain !

Sur le boulevard Montmartre, des femmes avilies, parfois belles encore, sourient péniblement ; elles portent des pantalons et des socques, ainsi qu'il sied par un temps de dégel.

Et cependant cette neige aurait voulu s'étendre et resplendir inviolée ; elle n'était point faite pour être amoncelée au coin des rues, tandis que les filles qui passent piétinent dans la boue.

Et ces femmes elles-mêmes n'étaient point destinées à cet abaissement profond ; mais l'homme foule tout aux pieds, les neiges et les femmes ; oh ! la mélancolique chose !

III

Madeleine.

De lourds soucis grouillent au fond de moi, comme des crapauds dans un cloaque herbeux. Je serai guéri de mon mal quand Dieu m'aura guéri de la vie !

Depuis que ma maîtresse est partie à Versailles, je n'aime plus la musique et j'aime moins les vers; de lourds soucis grouillent au fond de moi.

Je suis allé trois fois au cimetière Montmartre : la dernière fois, il m'a semblé que les morts coassaient sous la terre comme des crapauds dans un cloaque herbeux.

J'ai lu de mauvais vers sur une tombe. Je ne voudrais pas qu'on écrivît de mauvais vers sur ma tombe. Cependant je voudrais être mort, car alors je serais guéri de mon mal.

La douleur m'a rendu méchant, le désespoir m'a rendu athée. Je ne ferai plus l'aumône à la vieille cul-de-jatte qui mendie chaque soir au coin de la rue de la Chaussée-d'Antin, et je croirai en Dieu quand Dieu m'aura guéri de la vie!

IV

La Tasse de Chine.

C'est une petite tasse en porcelaine de Chine, toute petite et si légère, ah! si légère! Tulipe me baiserait si je la lui donnais, la petite tasse en porcelaine de Chine qui décore ma cheminée.

Des mandarins prennent le thé dans des kiosques multicolores; des papillons d'azur, à travers le ciel blanc, s'envolent vers des floraisons prodigieuses; c'est une petite tasse en porcelaine de Chine.

Il faut que j'y tienne beaucoup pour la refuser à Tulipe, car Tulipe, ma mie, a des secrets pour se faire obéir, et sa main caresse mes cheveux, toute petite et si légère, ah! si légère!

Mais cette tasse m'a été léguée par une aimable et douce personne; ah! monsieur, par une personne bien aimable et bien douce. Aussi la garderai-je toute ma vie, et je dois oublier que Tulipe me baiserait si je la lui donnais.

En effet! en effet! C'est toi qui me l'as léguée, goule maudite, nixe infâme! et tu as si bien aspiré le rouge sang de mes veines qu'à cette heure le peu qui m'en reste ne suffirait pas à remplir la petite tasse en porcelaine de Chine qui décore ma cheminée.

V

Cunégonde.

Elle se nommait Cunégonde, je vous le jure! Elle était baladine et domptait les bêtes fauves. Quand elle pénétrait dans les cages, les tigres léchaient sa gorge tumultueuse.

C'est à la foire de Mayence que nous nous adorâmes; je faisais la parade, tandis qu'elle recevait l'argent à la porte; elle se nommait Cunégonde, je vous le jure!

Elle allait, sans pudeur, jambes nues; ses cheveux sauvages, vierges de pommade, tombaient sur ses vastes épaules; mais nul ne songeait à l'aimer, parce qu'elle était baladine et domptait les bêtes fauves.

Moi, chétif, je l'aimais à cause de sa belle carnation; je buvais les sucs réconfortants de son baiser, et je la suivais d'un long regard quand elle pénétrait dans les cages.

Et je ne sais quels sentiments de luxure sanguinaire m'envahissaient, mêlés à des souvenirs lointains de solitude, tandis que les tigres léchaient sa gorge tumultueuse!

VI

Marietta.

Marietta, cette femme aux belles formes, que les statuaires n'ont pas oubliée et que les poëtes n'oublieront point, vidait une bouteille d'amontillado, dans un cabinet du café Anglais, au premier étage.

Tandis qu'elle s'enivrait, des hommes divinement bossus et des filles merveilleusement bancales entouraient Marietta, cette femme aux belles formes, que les statuaires n'ont pas oubliée.

Et chaque homme et chaque fille disait à Marietta : « Faites-moi l'amour, ô ange, de me donner un baiser ! » Mais elle ne daignait point répondre à leurs galanteries banales, cette femme qui aimait les vers et que les poëtes n'oublieront point.

Sans doute son âme était en proie à quelque douleur farouche, car elle avait le front très-pâle et les yeux rougis. Impassible d'ailleurs, elle vidait une bouteille d'amontillado.

A la dernière goutte, Marietta mourut. On n'a jamais pu savoir au juste pourquoi elle s'était empoisonnée de la sorte, dans un cabinet du café Anglais, au premier étage.

VII

Mousseline.

Ce soir, quand je suis rentré, ma maîtresse était sortie. Il y avait un grand silence dans la chambre ; la lampe considérait d'un œil sournois les rideaux épais de l'alcôve.

Je m'étendis sur ma chaise longue devant la cheminée, et je me hâtai d'écrire sur mes tablettes, pareilles à celles de Rouvière dans *Hamlet :* « Ce soir, quand je suis rentré, ma maîtresse était sortie. »

Un bruit se fit entendre, on eût dit d'un petit cri de femme amoureuse. Je prêtai l'oreille ; plus rien. Il y avait un grand silence dans la chambre.

Nouveau bruit : c'était un baiser ; les rideaux de l'alcôve s'agitaient tumultueusement.

O douleur! Je frappai du poing mon front, que la lampe considérait d'un œil sournois.

Je me précipitai vers le lit, sûr de découvrir un crime, résolu à en commettre un. Hi! hi! C'était ma chatte Mousseline qui jouait avec la pantoufle de ma mie sous les rideaux épais de l'alcôve.

VIII

Coquelicotine.

« Baise-moi, dit Coquelicotin. Tout à l'heure, comme je traversais le salon, le petit chien a jappé, le petit épagneul, ô Coquelicotine!

— Sapristi! dit Coquelicotine, le cas eût été grave, si mon mari s'était éveillé ; mais tranquillisons-nous, j'arrangerai les choses. — Baise-moi, » dit Coquelicotin.

Le lendemain Coquelicotine fit manger de l'arsenic à son mari dans une meringue à la confiture de groseilles, puis elle dit aux gens : « Mon mari a rendu l'âme tout à l'heure, comme je traversais le salon. »

Une soubrette noya le chien ; samedi soir,

tandis que la Nuit aux doigts d'ébène fermait les portes de l'Occident, pour la dernière fois le petit chien a jappé.

« Chère amie, tu as eu tort, dit Coquelicotin, et ta conscience a cessé d'être pure *comme un pavé d'autel qu'on lave tous les soirs.* — Hon ! répondit la belle, mon mari était vieux. — Ce n'est pas ton mari que je plains, c'est le petit épagneul, ô Coquelicotine ! »

IX

Lucile.

J'allais trouver le dernier vers d'une villanelle ; celle qui m'inspirait alors, c'était Lucile ! L'âme languissante et la bouche entr'ouverte, je songeais bien plus à la muse qu'au poëme, à Lucile qu'à la villanelle.

Clic ! clac ! j'ai reconnu son pas, flou ! flou ! et le bruit de sa robe. Elle entre toute parfumée. « Que faisais-tu, cher amour ? — J'allais trouver le dernier vers d'une villanelle. »

Après que j'eus dit cela, je sentis sur mon

front la fraîcheur de ses lèvres écarlates, pareilles à de la neige qui serait rouge ; et, soudain, mon poëme fut achevé, car celle qui m'inspirait alors, c'était Lucile !

« M'aimes-tu ? » murmurai-je, et, en même temps, je mordillais l'ongle de son joli pouce. « Je ne t'aime plus, » dit-elle sans détour. À cette parole, je demeurai sans voix, l'âme languissante et la bouche entr'ouverte.

Clic-clac ! Flou ! flou ! Lucile était partie. Moi, pour l'oublier, je voulus faire des vers ; mais je ne pus, car une grande mélancolie m'étreignait l'âme, et je songeais bien plus à la muse qu'au poëme, à Lucile qu'à la villanelle !

X

Les Chevelures.

Pareils aux comètes prodigieuses, les poëtes d'un autre âge épouvantaient les ténèbres avec leurs chevelures flamboyantes.

Et les jeunes femmes éprises des pâles romantiques voyaient passer chaque nuit dans leurs rêves des éblouissements pareils aux comètes prodigieuses !

Afin de charmer les jeunes femmes, vous tous qui buvez le vin amer de la vigne idéale, imitez les poëtes d'un autre âge !

Qu'en dépit des vaudevillistes chauves et des échotiers glabres, nos longs cheveux épars imitent ces boucles de flamme qui épouvantaient les ténèbres !

Et lorsque nous irons par la ville, celles qui meurent d'amour pour nous, accourues aux fenêtres, s'écrieront extasiées : « Voici les poëtes qui passent avec leurs chevelures flamboyantes ! »

XI

Le Cygne.

Sous le pâle soleil d'octobre, je me promenais au bord du lac d'Enghien. Les cygnes voguaient lentement, troupe mystérieuse et blanche, sur la grande surface du lac, au milieu du paysage d'automne, grave, pompeux et solitaire !

Les arbres, d'où les feuilles sèches n'étaient pas encore tombées, semblaient des arbres en or, comme on en voit dans les féeries au théâtre du Châtelet ; les souffles se plaignaient mélodieusement dans les branches ; sous le pâle soleil d'octobre, je me promenais au bord du lac d'Enghien.

Je me promenai jusqu'au soir, et quand les pâles ténèbres furent descendues, je vis apparaître les petites étoiles, les petites étoiles qui compatissent aux mélancolies nocturnes ; et les cygnes voguaient lentement, troupe mystérieuse et blanche.

Cependant ils s'éloignèrent ; bientôt, dans l'ombre vague, ils n'étaient plus qu'une nappe de neige rapidement fondue. L'un d'eux seulement, immobile et comme extasié, demeura sur la grande surface du lac, au milieu du paysage d'automne.

Alors je ne pus me défendre de songer à mon âme, que hantaient naguère plus d'un rêve et plus d'un amour. Où sont les roses de l'avril fané? Dans mon âme, que la nuit enveloppe, il n'est demeuré qu'un seul amour grave, pompeux et solitaire.

Septembre 1864.

FIN

TABLE

	Pages.
ÉLIAS, étude	1
ANGÉLA-SIRÉNA	65
MARIETTA DALL'ORO	123
L'ÉTANG	145
L'HOMME A LA VOITURE VERTE	169
LE DERNIER LONDRÈS, conte parisien	223
SANGUINES	265

ERRATA

Page 25, lignes 14 et 15, *au lieu de* : qui endort et isole ma pensée de la réalité, *lisez* : qui endort ma pensée et l'isole de la réalité.

— 121, ligne 18, *au lieu de* : n'hésitez point de vider, *lisez* : n'hésitez point à vider.

— 130, ligne 6, *au lieu de* : Hyde-Parc, *lisez* : Covent-Garden.

— 179, lignes 4 et 5, *au lieu de* : ces yeux n'en avaient aucune, *lisez* : ces yeux n'avaient point de teinte précise; ils avaient toutes les couleurs et n'en avaient aucune.

5467 — Paris, imprimerie Jouaust, rue Saint-Honoré, 338.

PRINCIPALES PUBLICATIONS
D'Alphonse Lemerre, libraire, 47, passage Choiseul.

PAUL ET VIRGINIE. 1 vol. in-4, orné de 170 dessins par H. DE LA CHARLERIE ; richement relié. 60 »

LA PLÉIADE FRANÇOISE, avec notes et glossaire par Ch. MARTY-LAVEAUX : RONSARD, DU BELLAY, BELLEAU, JODELLE, BAÏF, DORAT et PONTUS DE TYARD. 15 volumes in-8, imprimés par Jouaust. Chaque volume . . . . 25 »
Les trois premiers volumes sont en vente.

RABELAIS (Œuvres complètes, avec glossaire). 5 volumes in-8. Chaque volume (*sous presse*) . . . . . 10 »

COLLECTION de gravures à l'eau-forte, par BRACQUEMOND, pour illustrer *Rabelais*. . . . . » »

HOMÈRE. Traduction de LECONTE DE LISLE. 2 vol. in-8 . . . . . 15 »

LAFONTAINE. Fables. 2 vol. elzeviriens pet. in-12 . . . . 7 »

LAFONTAINE. Contes. (*Sous presse.*)

FERRY JULYOT. *Les Élégies de la belle fille lamentant sa virginité perdue*, avec une introduction et des notes par E. COURBET. 1 vol. in-12 écu, papier de Hollande . . . . . . 5 »

L'ISLE D'ALCINE, par REGNARD, publiée d'après le manuscrit de la Bibliothèque de l'Arsenal. 1 vol. in-32, papier de Hollande . . . . . . 2 »

LETTRES INÉDITES DE DIANNE DE POYTIERS, publiées par G. GUIFFREY. Beau volume in-8, imprimé par Perrin . . . . . . 30 »

PROCÈS CRIMINEL DE JEHAN DE POYTIERS, seigneur de Saint-Vallier ; publié pour la première fois par Georges GUIFFREY. 1 beau vol. in-8, imprimé par Claye. . 30 »

LE LIVRE DE JADE, par JUDITH MENDÈS (*Judith Walter*). 1 volume in-8 . . . . 6 »

POEMES EN PROSE, par LOUIS DE LYVRON. 1 vol. in-8. . . 6 »

FUSAINS, par le même. 1 vol. in-8 . . . . 3 50

PALUSTRE DE MONTIFAUT. *De Paris à Sybaris*. 1 vol. in-8 . . 7 50

LE PARNASSE CONTEMPORAIN (1866). 1 vol. gr. in-8 . . . 8 »

POETES CONTEMPORAINS : AICARD — ALAUX — DE BANVILLE — BERTRAND — BOYER — CAZALIS — DE CHABRE — COPPÉE — DIERX — E. GRENIER — Louise D'ISOLE — JOLIET — JACQUEMIN — LAURENT-PICHAT — DE RICARD — RUFFIN — SULLY PRUDHOMME — THEURIET — VERLAINE — 19 vol. in-18. Chaque volume . . . . 3 »

E. DACLIN. *L'École buissonnière*. 1 vol. in-18 . . . . 2 »

LAURENT-PICHAT. *Commentaires de la vie*. 1 vol. in-18 . . . . 3 »

P. NOLÉ. Réfutation de *Force et Matière*. In-12. 3 »

Etc., etc.

Paris, imprimerie Jouaust, rue Saint-Honoré, 338.

www.ingramcontent.com/pod-product-compliance
Lightning Source LLC
Chambersburg PA
CBHW071139160426
43196CB00011B/1939